公路工程项目管理与养护管理研究

张贵芬 许明 张晓英 兰峰 张中华 著

延吉·延边大学出版社

图书在版编目（CIP）数据

公路工程项目管理与养护管理研究 ／ 张贵芬等著.
延吉 ： 延边大学出版社，2024. 8. -- ISBN 978-7-230
-06949-6

　　Ⅰ. U41

中国国家版本馆 CIP 数据核字第 202410QC60 号

公路工程项目管理与养护管理研究

著　　者：张贵芬　许明　张晓英　兰峰　张中华
责任编辑：朱秋梅
封面设计：文合文化
出版发行：延边大学出版社
社　　址：吉林省延吉市公园路 977 号
邮　　编：133002
网　　址：http://www.ydcbs.com
E - m a i l：ydcbs@ydcbs.com
电　　话：0451-51027069
传　　真：0433-2732434
发行电话：0433-2733056
印　　刷：三河市嵩川印刷有限公司
开　　本：787 mm×1092 mm　1/16
印　　张：9.75
字　　数：200 千字
版　　次：2024 年 8 月　第 1 版
印　　次：2025 年 1 月　第 1 次印刷
ISBN 978-7-230-06949-6

定　　价：78.00 元

前　　言

随着我国公路工程建设事业的不断发展，施工管理体系日趋完善，项目的整体管理水平得到了较大的提高，但仍然存在较多问题，最明显的就是质量问题，其不仅减少了项目可能取得的效益，而且严重影响了企业的声誉。因此，必须高度重视公路工程施工项目管理存在的问题，深刻分析问题产生的根源，从而完善公路施工管理体系，提高施工管理水平，将管理制度真正落实到实践工作中，在为公路施工企业创造较好经济效益和社会效益的同时，使企业公路工程建设的整体管理水平再上一个台阶。

公路桥梁是运输建设的关键所在，因此公路桥梁质量直接决定了交通运输的安全性。为了保证运营过程的顺利进行，对公路桥梁的设计管理与施工养护是重中之重。近几年，随着经济的快速发展，公路建设也飞速发展，我国公路交通流量越来越大，车辆超载、超速现象也层出不穷。大吨位车辆上路行驶，超出我国公路桥梁的承受范围，这就使得我国的公路桥梁受到了严重损害，增加了交通事故的发生率，危及人们的生命财产安全。为了保证交通运输过程的通畅性，保护人们的生命财产安全，加强对公路桥梁的养护及维修是必要的。

我国早期修建的公路桥梁，由于当时技术落后、材料短缺、养护维修设施不够先进、管理不当等，在交通运输中存在安全隐患。因此，为了保证公路桥梁的长期使用，将危险性降到最低，需要定期对公路桥梁进行养护与维修，以避免交通事故的发生，保证交通运输的通畅性和安全性。

在公路工程项目管理中，有一项关键内容，就是合理地安排项目进度，其目的是保证按时完成项目、合理分配资源、提高项目的经济效益。进度管理就是采用科学的方法，确定进度目标、编制进度计划和资源供应计划，对编制的进度计划与实际的进度进行管理，控制整个项目的总进度。

公路工程的施工生产是劳动过程与自然过程的结合，在施工中受自然条件的影响很大，这就使其施工组织、施工程序及施工工艺因实施条件的变化而进行相应地调整与改变。因此，公路工程施工进度管理非常复杂。编制公路施工项目进度计划，是对工程实施过程进行管理的前提。在工程开始施工前，必须制订一份科学、合理的工程项目进度计划，确定一个合理的计划工期。对进度计划的执行情况进行跟踪检查，是获得计划执行信息的主要方法。

大量工程实践证明，切实有效的进度控制能够帮助管理者准确掌握项目建设所需的时间及各项资源，有利于管理者在项目的实施过程中合理地编制施工进度计划并进行资源调配，进而加快施工进度、降低工程成本。

如今，我们的生活已经离不开交通运输，而经济的发展、运输量的增加、安全要求的提高反过来又促进公路桥梁养护及维修质量的提高，应做到公路桥梁养护及质量维修与建设相互促进，促使公路桥梁维修工作进一步完善。

　　本书共有六章，从公路工程施工项目质量管理阐述入手，对公路工程施工项目安全管理、公路工程施工项目进度管理、路基的养护管理、路面的养护管理、桥梁的养护管理进行相关研究，以期为相关工作者的工作提供借鉴和指导。

　　由于时间仓促，加上笔者的能力水平有限，书中难免存在不妥之处，请广大读者朋友批评指正。

目　录

第一章　公路工程施工项目质量管理

第一节　质量管理发展的四个阶段

所谓质量管理，广义地说，是为了最经济地生产出适合使用者要求的高质量产品所采用的各种方法的体系。随着科学技术的发展和市场竞争的需要，质量管理越来越为人们所重视，并逐渐发展成为一门新的学科。

最早提出质量管理的是美国。日本在第二次世界大战后引进美国的一整套质量管理技术和方法，结合本国实际，又将其向前推进，使质量管理走上了科学的道路。作为企业管理的有机组成部分，质量管理的发展是随着企业管理的发展而发展的，其产生、形成、发展和日益完善的过程，大体经历了以下几个阶段：

一、质量检验阶段（20 世纪 20 年代至 40 年代）

在 20 世纪前，产品质量主要是依靠生产者自身的手艺来保证。进入 20 世纪后，由于生产力的发展，机器生产与手工作业管理制度的矛盾阻碍了生产力的发展，于是出现了管理革命。美国的泰勒（F. W. Taylor）研究了从工业革命以来大工业生产的管理实践，创立了"科学管理"新理论。他提出，计划与执行、检验与生产的职能需分开，企业需设置专职的质量检验部门和人员从事质量检验工作。这使得产品的质量有了基本保证，对提高产品质量、防止不合格产品出厂或流入下一道工序，有积极的意义。

由于这个阶段的质量管理单纯地依靠事后检验、剔除废品等方式，因此其管理效能有限。1924 年，管理统计学家休哈特（W. A. Shewhart）提出"预防缺陷"概念。他认为，质量管理工作除了事后检查外，还应在有不合格产品出现的苗头时，就及时发现并采取措施予以制止。他创建了统计质量控制图等一系列预防质量事故的理论。与此同时，还有一些统计学家提出了抽样检验的办法，把统计方法引入质量管理领域，从而降低检验成本。

二、统计质量管理阶段（20 世纪 40 年代至 50 年代）

第二次世界大战期间，美国经济复苏，军需物资出现大量的质量问题，终端检验已无法解决产品质量合格率低的问题。为此，美国政府颁布了三项战时质量控制标准，即《质量控制指南》《数据分析用控制图法》和《工序控制用控制图法》。这就是质量管理中最早的质量控制标准。同时，美国政府采取了三项强制措施加强质量管理：一是强行对各公司以总检验师为首的质量管理人员开办"质量控制方法学习班"。二是强制实施三项标准及其细则。三是军方采购部门规定在所有订货合同中应有质量管理要求条款（这是质量体系认证的雏形），否则将取消其订货资格。

第二次世界大战以后，美国民用工业相继采用三项战时质量控制标准，正式进入了"统计质量管理阶段"，即把质量管理的重点由生产线的终端移至生产过程的工序，把全数检验改为抽样检验，把抽样检验的数据分析制成控制图，再用控制图对工序进行加工质量监控，从而避免生产过程中出现大量不合格产品。

三、全面质量管理阶段（20 世纪 60 年代至 70 年代）

1961 年，美国通用电气公司质量经理菲根堡姆（A. V. Feigenbaum）出版了《全面质量管理》一书，指出全面质量管理是为了能够在最经济的水平上，考虑到充分满足用户要求的条件下，进行市场研究、设计、生产和服务。

市场经济的公平、激烈竞争，要求供方设计开发出适销对路的产品，因此质量管理还要前移至产品的设计开发过程，进而再前移至市场研究阶段，产品出厂后，还要跟踪市场，积极为顾客服务，随着市场经济的不断发展，质量管理沿着产品流程向两端拓展，最终汇聚于市场。所以，全面质量管理既始于市场，又终于市场。

全面质量管理是全过程的，非检验部门一家所能承担的，它涉及设计、工艺、设备、生产、计划、财会、教育、劳资、销售等部门。在系统论中，整个企业管理包括全面质量管理、全面财务管理、全面计划管理和全面劳动人事管理等，其中，全面质量管理是企业管理体系的核心。

全面质量管理的特征是"四全""一科学"，即全过程的质量管理、全企业的质量管理、全指标的质量管理、全员的质量管理，以及以数理统计方法为中心的一套科学的管理方法。

四、标准质量管理阶段（自 20 世纪 70 年代至今）

随着世界市场经济的发展、电信业的发展、计算机和网络技术的发展、服务业的发展，市场竞争日益激烈，供方不仅要考虑满足顾客的要求，而且应使顾客满意、信任供方能长期稳定地向其提供满意的产品，这就要有一整套利益相关方都认可的质量管理标准。在此背景下，市场进入质量管理和质量保证阶段，即标准质量管理阶段。

第二节　质量管理原则

公路工程项目建设投资大，建成及使用时间长，只有合乎质量标准，才能投入生产和交付使用，发挥投资效益，以满足社会需要。现阶段，许多国家对工程质量都有一套严密的监督检查办法。在具体的质量管理过程中，我们应坚持以下原则：

一、以顾客的需求为关注焦点

组织（从事一定范围生产经营活动的企业）依存于顾客，组织应理解、满足顾客当前的和未来的需求，并争取超越顾客的期望。

二、发挥领导者的作用

领导者负责确立本组织统一的质量宗旨和方向，并营造和保持使员工充分参与实现组织目标的内部环境。因此，领导者在企业的质量管理中起着决定性的作用。只有领导者充分重视，各项质量管理活动才能有效开展。

三、全员参与

各级人员都是组织之本，只有全员充分参与，才能为组织带来收益。产品质量是产品形成过程中全部相关人员共同努力的结果，企业领导者应对员工进行质量意识等各方面培训，激发员工的积极性和责任感，为员工能力的提高提供机会，并给予员工必要的物质和精神奖励。

四、建立质量管理体系

将相互关联的过程作为系统，加以识别、理解和管理，有助于组织提高实现其目标的有效性和效率。不同企业应根据自己的特点，建立资源管理、过程实现、测量分析改进等方面的关联关系，并加以控制，即采用过程网络的方法，建立质量管理体系，实施系统管理。

建立质量管理体系的步骤如下：

①明确顾客期望。

②建立质量目标和方针。

③确定实现目标的过程和职责。

④确定必须提供的资源。

⑤规定测量过程有效性的方法。

⑥实施测量，确定过程的有效性。

⑦确定防止不合格产品产生，并清除不合格产品的措施。

⑧持续改进质量管理体系。

五、持续改进

影响项目质量的因素在变化，顾客的需求和期望也在变化，这就要求项目的相关方不断地提高其工作质量，以满足顾客和其他相关方日益增长和不断变化的需求与期望。只有坚持持续改进，项目质量才能得到不断提高。项目质量的提高是无止境的，应成为项目进展过程中一个永恒的主题。

实施持续改进原则，应采取的主要措施如下：

①在组织的所有层级制定改进目标和实施指南。

②使持续改进成为一种制度。

③对员工进行培训，以实现改进目标。

④确保员工有能力完成改进目标。

⑤跟踪、评审和审核改进项目的计划及实施情况。

⑥对改进的结果加以肯定，并加以推广、应用。

六、决策基于事实

在项目质量管理过程中，决策的有效性将决定质量管理的有效性，而有效的决策应建立在对数据和信息分析的基础上。决策者应采取科学的态度，以事实或正确的信息为基础，通过合乎逻辑的分析，作出正确决策。

在质量管理过程中，必须避免盲目的决策或只凭个人的主观意愿作出的决策。

实施决策基于事实原则，应采取的主要措施如下：

①确定、测量和监督证实组织绩效的关键指标。

②明确规定应收集信息的种类、渠道和相关人员的职责，并有意识地收集与项目质量目标有关的各种数据和信息。

③对所采集的数据和信息进行鉴别，确保其准确性和可靠性。

④采取各种有效方法，分析、处理所采集的数据和信息。在分析时，应使用适当的统计技术。

⑤应建立完善的质量管理信息系统，确保信息渠道畅通。

七、与供方互利合作

供方提供给项目的资源，将对项目质量产生重要影响。项目的完成方与供方是相互依存、互利互惠的关系，这种关系可增强双方创造价值的能力。处理好与供方的关系，将对完成方是否能向顾客提供满意的项目成果产生影响。因此，对供方不仅要讲控制，而且要讲互利合作，这对完成方和供方都是有利的，是一种双赢战略。

实施与供方互利合作原则，应采取的主要措施如下：

①确定相关方及其与组织的关系。

②合理选择重要的供方。

③建立、权衡短期利益与考虑长远因素之间的关系。

④收集并与相关方共享信息、专业知识和资源。

⑤与相关方之间建立一个通畅、公开的沟通渠道，及时解决有关问题。

⑥与相关方确定合作开发和改进活动。

⑦对相关方的改进及其成果给予承认和鼓励。

第三节　准备阶段的质量管理

施工准备阶段的质量管理是指项目正式施工活动开始前及项目开工后，对各项准备工作及影响质量的各因素和有关方面进行的各种控制活动。施工准备是为保证施工生产正常进行必须事先做好的管理工作。施工准备工作不仅在工程开工前要做好，而且应贯穿整个施工过程。施工准备的基本任务就是为施工项目建立一切必要的施工条件，确保施工生产顺利进行，确保工程质量符合要求。

一、基本任务

（一）组织员工的质量教育与培训

组织质量教育与培训，可以提高员工的能力，增强其为顾客服务的意识。项目领导班子应着重进行以下几个方面的培训：

①质量意识教育。

②质量方针和目标的理解与掌握。

③质量管理体系有关方面的内容。

④质量保持和持续改进意识。可以通过面试、笔试、实际操作等方式，检查培训的有效性。另外，还应保留员工的教育、培训及技能认可的记录。

（二）施工质量计划的编制与审批

施工质量计划必须有规定的活动内容，有进度、有分析、有检验、有成果表达，要求相关责任部门认真对待，保质、保量、按期完成，并对施工质量计划安排的合理性进行分析。

编制施工质量计划，主要包括以下几点内容：

①工程特点及施工条件分析（合同条件、法规条件和现场条件）。

②质量总目标及其分解目标。

③质量管理组织机构和职责以及人员、资源配置计划。

④确定施工工艺与操作方法的技术方案和施工任务的流程组织方案。

⑤施工材料、设备物资等的质量管理及控制措施。

⑥施工质量检验、检测、试验工作的计划安排及其实施方法。

⑦施工质量控制点的跟踪控制方式与要求。

施工单位的项目施工质量计划编成后，应按照工程施工管理程序进行审批，包括施工企业内部的审批和项目监理机构的审查。企业内部先由项目经理部审批，然后报企业组织管理层批准。在工程开工前，项目监理机构应组织专业监理工程师审查承包单位报送的施工组织设计（方案）报审表，提出意见，并经总监理工程师审核、签认后，报建设单位。

（三）施工机械的质量管理

施工的机械设备、设施、器具等的配置及其性能，对施工的质量、安全、进度和成本有重要影响，合理选择施工机械设备，是保证施工质量的重要措施。

①对施工所用的机械设备，应根据工程需要，从设备选型、主要性能参数及操作要求等方面加以控制。

②模板、脚手架等施工设施，除按适用的标准定型选用外，一般需要按设计及施工要求进行专项设计，应将其设计方案、制作质量的控制及验收作为重点进行控制。

③按现行施工管理制度要求，针对工程所用的施工机械、模板、脚手架，特别是危险性较大的现场安装的起重机械设备，施工单位不仅要履行设计安装方案的审批手续，而且在安装完毕启用前必须经专业管理部门验收，验收合格后方可使用这些设备，并在使用过程中，落实相应的管理制度，以确保其可以持续、正常使用。

（四）材料设备的质量管理

建筑材料、构配件和设备是直接构成工程实体的物质，应从施工备料开始进行控制，包括对供货厂商的评审、询价，以及采购计划与方式的控制等。因此，要想进行采购质量控制，必须有健全、有效的采购控制程序，必须将采购计划报送工程监理机构进行审查。在选用材料时，优先采用节能降耗的新型建筑材料，禁止使用国家明令淘汰的建筑材料。建筑材料或工程设备在使用前应进行如下检查：是否有产品质量检验合格证明；是否有中文标明的产品名称、生产厂名和厂址；产品包装和商标式样是否符合国家有关规定与标准要求；工程设备是否有详细的产品使用说明书，电气设备还应附有线路图；对于实施生产许可证或实行质量认证的产品，是否有相应的许可证或认证证书。

（五）设计交底和图纸审核的质量控制

设计图纸是进行质量控制的重要依据。为了使施工单位熟悉有关的设计图纸，充分了解拟建项目的特点、设计意图，以及工艺、质量要求，减少差错，消灭设计中的质量隐患，需要做好设计交底和图纸审核工作。

设计交底是指在施工图完成并经审查合格后，设计单位在将设计文件交付施工时，按法律规定的义务，就施工图设计文件向施工单位和监理单位作出详细说明，其目的是使施工单位和监理单位正确贯彻设计意图，使其加深对设计文件特点、难点、疑点的理解，掌握关键工程部位的质量要求，确保工程质量。设计单位在设计交底时，应将以下主要内容向相关单位进行说明：

①地形、地貌、水文气象、工程地质及水文地质等自然条件。

②施工图设计依据，包括初步设计文件，规划、环境等要求，设计规范。

③设计意图，包括设计思想、设计方案比较、基础处理方案、结构设计意图、设备安装和调试要求、施工进度安排等。

④施工注意事项，包括对基础处理的要求、对建筑材料的要求、采用新结构和新工艺的要求，以及施工组织、技术保证措施等。

图纸审核的主要内容包括以下方面：

①对设计者的资质进行认定。

②设计是否满足抗震、防火、环境卫生等要求。

③图纸与说明是否齐全。

④图纸中有无遗漏、差错或相互矛盾之处，图纸表示方法是否清楚并符合标准要求。

⑤地质及水文等资料是否充分、可靠。

⑥所需材料来源有无保证，能否替代。

⑦施工工艺、方法是否合理，是否切合实际，是否便于施工，能否保证质量要求。

⑧对于施工图及说明书中涉及的各种标准、图册、规范、规程等，施工单位是否满足其相应的要求。

（六）采购质量控制

采购质量控制主要包括对采购产品及其供方的控制，制定采购要求和验证采购产品。对于建设项目中的工程分包，也应符合规定的采购要求。

物资采购应符合设计文件、标准、规范、相关法规及承包合同等要求，如果项目部另有附加的质量要求，也应予以满足。对于重要物资、大批量物资、新型材料，以及对工程最终质量有重要影响的物资，可由企业主管部门对可供选用的供方进行逐一评价，并确定合格供方名单。

采购要求是采购产品控制的重要内容。采购要求的形式可以是合同、订单、技术协议、询价单及采购计划等。采购要求包括如下内容：有关产品的质量要求或外包服务要求；有关产品提供的程序性要求，如供方提交产品的程序、供方生产或服务提供的过程要求、供方设备方面的要求；对供方人员资格的要求；对供方质量管理体系的要求。

（七）明确关键部位的质量控制点

施工质量控制点是施工质量管理的重点控制对象，一般选择下列部位或环节，作为质量控制点：

①施工过程中的重要项目、薄弱环节和关键部位。

②影响工期、质量、成本、安全、材料消耗等的环节。

③新材料、新技术、新工艺的施工环节。

④质量信息反馈中缺陷频数较多的项目。

二、质量管理依据

（一）设计图纸和相关规范

严格按照设计图纸和技术规范中写明的试验项目、材料性能、施工要求和允许偏差等有关规定进行施工。没有监理工程师的同意，不得引用其他任何标准。

（二）合同条款

图纸和技术规范是对工程的具体要求，而合同条款是要求承包人执行规范、按图纸施工的法律保证，只有将二者结合起来，才能保证工程质量达到规定的水平。

三、质量管理程序

（一）开工报告

在各单位工程、分部工程或分项工程开工之前，承包商应向高级驻地监理工程师提交工程开工报告。工程开工报告一般应提出工程实施计划和施工方案，依据技术规范列明工程的质量控制指标以及检验频率和方法，说明材料、设备、劳力及现场管理人员等的准备情况，提供放样测量、标准试验、施工图等必要的基础资料。

（二）工序自检报告

承包人的自检人员按照监理工程师批准的工艺流程和提出的工序检查程序，在每道工序完工之后首先自检，自检合格后，报监理工程师进行检查认可。

（三）工序检查认可

监理工程师应紧接承包人的自检，或在承包人自检的同时，对每道工序完工后进行检查验收并签字认可，对于不合格的工序，指示承包人进行缺陷修补或返工。当前道工序尚未经检验认可时，后道工序不得进行。

（四）中间交工报告

当工程的单位、分部或分项工程完工后，承包方的自检人员再进行一次系统自检，汇总各道工序的检查记录以及测量和抽样试验的结果，提出交工报告。对于自检资料不全的交工报告，监理工程师应拒绝验收。

（五）中间交工证书

监理工程师应对按工程量清单完工的单项工程进行一次系统的检查验收，必要时应做测量或抽验试验。检查合格后，请高级驻地监理工程师签发中间交工证书，未经中间交工检验或检验不合格的工程，不得进行下一项工程项目的施工。

（六）中间计量

对于填发中间交工证书的工程，方可进行计量，并由高级驻地监理工程师签发中间计量表。当完工项目的竣工资料不全时，可暂不计量支付。

四、质量管理的基本方法

（一）设立管理点

运用数理统计方法，实施质量控制。所谓管理点，就是设置在需要加强质量控制的重点工序（或重点部位）的测试点。正确设立管理点，是进行工序质量控制的前提。

（二）开展质量统计分析

为了充分发挥施工过程中质量控制的预防作用，必须系统地掌握各施工处、施工班组在一定时间内工程质量或工作质量的现状及发展动态。为此，必须开展质量统计分析工作。统计分析的指标一般分为两类：第一类为工程质量指标，主要有优良品率、合格率及其分布情况，用来考核分部工程的质量水平；第二类为工作质量指标，主要有废品率、返修率等。

通过分析，查出发生质量问题的原因，如图纸错误、材料不合格、不按图施工、违反工艺及操作规程、技术指导错误等。在几个原因同时起作用的情况下，要分清主次。原因力求具体，以便采取预防措施和改进对策。

第四节　施工及竣工阶段的质量管理

一、施工阶段的质量管理

（一）认真做好施工技术交底工作

1.施工技术交底的目的

公路工程施工项目的施工技术交底，是在项目开工前，由主管技术领导向参与施工的人员进行的技术性交底，其目的是使施工人员对工程特点、技术质量要求、施工方法与措施等，有一个较详细的了解，以便科学地组织施工，避免出现技术质量问题。

2.施工技术交底的内容

施工技术交底是施工组织设计和施工方案的具体化，施工技术交底的内容必须具有可行性和可操作性。

施工技术交底的内容包括以下方面：

（1）承包合同中有关施工技术管理和监理的办法，合同条款规定的法律、经济责任和工期。

（2）设计文件、施工图及说明要点等内容。

（3）分部、分项工程的施工特点、质量要求。

（4）施工技术方案。

（5）工程合同技术规范、使用的工法或工艺操作规程。

（6）材料的特性、技术要求及节约措施。

（7）季节性施工措施。

（8）安全、环保方案。

（9）各单位在施工过程中的协调配合、机械设备组合、交叉作业及注意事项。

（10）试验工程项目的技术标准和采用的规程。

3.施工技术交底的形式

（1）主管技术领导可通过召集会议的形式，进行技术交底，应形成会议纪要并归档，交底的内容可纳入施工方案，也可单独形成交底方案。

（2）各专业技术管理人员应通过书面形式，配以现场口头讲授的方式，进行技术交底，技术交底的内容应单独形成交底文件。交底内容应有交底的日期，有交底人、接收人签字，并经项目总工程师审批。

（二）加强公路工程施工测量控制

公路施工测量放线是公路工程产品由设计转化为实物的第一步，制约施工过程中各有关环节的质量、进度，施工测量质量的好坏直接决定工程的定位和标高是否正确，并且制约施工过程有关工序的质量。因此，施工单位在开工前应编制测量控制方案，经项目技术负责人批准后实施。对建设单位提供的原始标点、基准线和水准点等测量控制点进行复核，并将复测结果上报监理工程师审核，批准后，施工单位才能建立施工测量控制网，进行工程定位和标高基准的控制。

在实际施工过程中，公路工程施工项目管理必须加强工程测量管理，采取切实可行的措施，全方位做好施工测量放线工作，以保证和提高施工质量，具体内容如下：

①提高测量放线人员的素质。作为一个合格的、专业的测量员，首先，要具备吃苦耐劳、细心谨慎、团结协作的基本素质；其次，要有较强的读图能力和质量意识，要养成事前反复考虑、事后认真检查的好习惯。

②增加测量仪器的成本投入，采取先进的测量工具，做好测量仪器的定期检测工作。

③合理安排施工工序,为测量放线提供较好的施工环境,从而保证测量放线成果。

④全民动员,从领导到各专业工程师均要提高对测量工作的认识。在测量工作的各个程序中实行双检制。针对各工点、工序范围内的测量工作,测量组应自检复核签认。对于分工衔接的测量工作,由测量队或测量组进行互检复核和签认。项目测量队组织对控制网点、测量组设置的施工用桩与重大工程的放样工作进行复核测量,经项目技术部门主管现场进行检查签认、总工程师审核签认合格后,报驻地监理工程师审批认可;项目经理部总工和技术部门负责人要对测量队、测量组执行测量复核签认制度进行检查,并做好检查记录。

(三)加强公路工程计量控制

公路工程计量是投资控制的中心环节,也是对工程项目建设质量、进度控制的有力手段,是相关人员按照相关技术规范规定的方法,对承包商符合要求的已完工工程的实际数量进行的测量、计算、核查和确认的过程。

1.公路工程计量的组织类型

(1)监理工程师独立计量。计量工作由监理工程师单独承担,然后将计量的记录送承包人。承包人若对计量有异议,则可在7日内以书面形式提出,再由监理工程师对承包商提出的质疑进行复核,并将复议后的结果通知承包人。

(2)承包人进行计量。由承包人对已完工的工程进行计量,然后将计量的记录及有关资料报送监理工程师核实确认。

(3)监理工程师与承包人共同计量。在进行计量前,由监理工程师通知承包人计量的时间与工程部位,然后由承包人派人与监理工程师共同计量,计量后双方签字认可。

2.公路工程计量的原则

(1)按照合同应计量的所有工程细目,以公制的物理计量单位或习惯的自然计量单位进行计量。

(2)确定按合同完成的工程数量采用的量测和计算方法。

(3)一切工程的计量,应由承包人提供符合精度要求的计量设备和条件,并由承包人计算后报监理工程师审核确认。

(4)凡是超过图纸所示或监理工程师指示的任何长度、面积或体积,都不予计量。模板、脚手架、装备、联结螺栓、垫圈等其他材料应包括在其他支付细目中,不单独计量。

（5）如果规范规定的任何分项工程或其细目未在工程量清单中出现，则应被认为是其他相关工程的附属义务，不再单独计量。

（四）加强公路工程工序施工质量控制

公路工程项目的施工过程，是由一系列相互关联、相互制约的工序所构成的，工序质量是基础，直接影响工程项目的整体质量。要控制公路工程项目施工过程的质量，必须先控制工序的质量。因此，工序的质量控制是施工阶段质量控制的重点。只有严格控制工序质量，才能确保施工项目的实体质量。工序质量控制方法一般包括以下内容：

①严格遵守工艺规程施工工艺和操作规程。这不仅是进行施工操作的依据和法规，而且是确保工序质量的前提，任何人都必须严格执行，不得违反。

②主动控制工序活动条件的质量。工序活动条件包括的内容较多，主要是指影响质量的五大因素，即施工操作者、材料、施工机械设备、施工方法和施工环境等。只有将这些因素切实、有效地控制起来，使它们处于被控制状态，确保工序投入品的质量，避免系统性因素变异发生，才能保证每道工序的质量正常、稳定。

③及时检验工序活动效果。工序活动效果是评价工序质量是否符合标准的尺度，因此必须加强质量检验工作，对质量状况进行综合统计与分析，及时掌握质量动态。一旦发现质量问题，立即研究处理，自始至终使工序活动效果满足规范和标准的要求。

④设置工序质量控制点。控制点是指为了保证工序质量而需要进行控制的重点、关键部位、薄弱环节，以便在一定时期内、一定条件下进行强化管理，使工序处于良好的控制状态。

（五）加强公路工程施工质量检查

施工质量检查是贯穿整个施工过程的最基本的质量控制活动，包括施工单位内部工序质量的检查、互检、专检和交接检查，以及现场监理机构的旁站检查、平行检查等。施工现场质量检查是公路工程施工过程质量管理的主要手段。公路工程施工现场质量检查的形式有观察、测量、试验、分析、监督、总结提高。

现场质量检查的内容，主要包括以下几点：

①开工前检查。目的是检查是否具备开工条件，开工后能否连续正常施工，能否保证工程质量。

②工序交接检查。对重要工序或对工程质量有重大影响的工序，在自检、互检的基础上，还要组织专职人员进行工序交接检查。

③隐蔽工程检查。凡是隐蔽工程，均应检查认证后方能掩盖。

④停工后复工前的检查。因处理质量问题或某种原因停工后需复工的工程，也应经检查认可后方能复工。

⑤分项、分部工程完工后，应经检查认可，在签署验收记录后，才允许进行下一工程项目施工。

⑥成品保护检查。检查成品有无保护措施或保护措施是否可靠。

（六）加强公路工程成品保护管理

对公路工程的成品进行保护，目的是避免已完工的成品受到来自后续施工以及其他方面的污染或损坏。针对已完工的成品保护问题和相应措施，应在工程施工组织设计与计划阶段进行考虑，这能较好地防止因施工顺序不当或交叉作业对公路成品造成污染和损坏。在成品形成后，可采取防护、覆盖、封闭、包裹等相应措施进行保护。

二、竣工阶段的质量管理

竣工阶段的质量管理主要是施工项目竣工验收的质量控制，是整个项目施工质量控制的最后环节，是对施工过程质量控制成果的全面检验，是对工程质量、参建单位和建设项目进行的综合评价。

（一）明确竣工质量验收的依据

①国家相关法律法规和交通部门颁布的管理条例与办法。

②批准的工程初步设计、施工图设计及变更设计文件。

③批准的招标文件及工程施工承包合同。

④行政主管部门的有关批复、指示文件。

⑤公路工程施工质量验收规范。

（二）严格按照竣工验收要求验收

公路工程竣工验收，应具备下列条件：

①完成合同约定的各项内容。

②有完整的技术档案和施工管理资料。

③有工程使用的主要建筑材料、构配件和设备的进场试验报告。

④有工程勘察、设计、施工、工程监理、质量监督机构等单位分别签署的质量合格文件。

⑤有施工单位签署的工程保修书。

在公路工程符合竣工验收条件后，建设单位（项目法人）应按照项目管理权限，及时向交通主管部门申请正式竣工验收。交通主管部门应当自收到申请之日起 30 日内，对申请人递交的材料进行审查，对于不符合竣工验收条件的，应当及时退回并告知理由；对于符合验收条件的，应自收到申请文件之日起 3 个月内组织竣工验收。

参加验收的主要有交通主管部门、建设单位（项目法人）、设计单位、监理单位、施工单位和质量监督机构等单位。正式验收的主要工作主要包括以下几点：

①建设、勘察、设计、施工、监理单位分别汇报工程合同履约情况，以及工程各环节施工满足设计要求、质量符合法律法规和强制性标准的情况。

②检查审核设计、勘察、施工、监理单位的工程档案资料及质量验收资料。

③实地检查工程外观质量，对工程的使用功能进行抽查。

④对工程施工质量管理各环节工作、工程实体质量及质保资料情况进行全面评价，形成经验收组人员共同确认签署的工程竣工验收意见。

⑤竣工验收合格，建设单位应及时提出工程竣工验收报告。验收报告还应附有工程施工许可证、设计文件审查意见、质量检测功能性试验资料、工程质量保修书等法规所规定的其他文件。

⑥工程质量监督机构应对工程竣工验收工作进行监督。

第二章　公路工程施工项目安全管理

第一节　安全事故的主要类型及致因分析

一、安全事故的主要类型

事故一般指导致死亡、职业相关病症、伤害、财产损失或其他损失的意外事件。本章所涉及的施工安全事故是指在正常施工条件下，由于施工单位自身管理组织不善等，在工程施工过程中发生的人员伤害或死亡的意外事件。公路工程施工是一个复杂的人、机、环境系统，具有点多、线长、建设周期长、受自然条件影响大等特点，安全事故主要是由施工环境、管理、作业人员、机械设备和材料等引起的。

有关统计资料表明，公路施工发生的安全事故具有发生部位、发生类型的规律性和重复性特征。在我国公路工程项目施工中，施工安全事故主要有以下九种类型：

①高处坠落。

②施工坍塌。

③物体打击。

④机械伤害。

⑤车辆伤害。

⑥触电。

⑦火灾爆炸。

⑧烫伤。

⑨中毒窒息。

其中，高处坠落、施工坍塌、物体打击、机械伤害、车辆伤害、触电这六种事故类型在公路工程项目施工中最为常见。

二、安全事故致因分析

随着事故致因理论的发展，人们对事故发生的认识在不断深入。我们可以发现，人的因素、物的因素、环境的因素和管理的因素是引起施工安全事故的四大主要因素。其中，人的不安全行为、物的不安全状态和环境的不安全状态是事故发生的直接原因，当人的不安全行为运动轨迹与物的不安全状态运动轨迹发生交叉时，就会发生安全事故。此外，管理缺陷是安全事故发生的根本原因，人、物、环境都受管理因素支配，所以预防安全事故发生，应从根本上改进安全管理措施，提高安全管理水平。

（一）人的因素

人的因素主要是指导致事故发生的人的不安全行为。人的不安全行为又称人的失误，是指人为地使公路施工系统发生故障或发生性能不良等事件，是一种违背设计和操作规程的错误行为。人的心理、生理、自身技能知识和周边的环境都能导致人的不安全行为的发生。按照《中华人民共和国国家标准：企业职工伤亡事故分类》，人的不安全行为的表现形式可分为十三类，具体如下：

①操作失误、忽视安全和警告标志信号等。

②造成安全装置失效。

③使用不安全设备。

④手代替工具操作。

⑤物资存放不当。

⑥冒险进入危险场所。

⑦攀爬不安全位置。

⑧在起吊物下作业、停留。

⑨在机械运转时进行检查、维修、保养等工作。

⑩工作时注意力分散不集中。

⑪没有正确使用个人防护用品、用具。

⑫穿戴不安全装束。

⑬对易燃、易爆等危险品处理失误。

（二）物的因素

在公路施工过程中，物的因素主要是指物的不安全状态，即指机械设备、施工物资等明显不符合安全要求的状态，也是事故发生的直接因素之一。物的不安全状态主要有物（包括机械设备、设施、工具等）本身存在的缺陷、安全防护方面的缺陷、物的存放方法的缺陷、施工作业方法导致的物的不安全状态，以及安全信号、标志等缺陷。

所有物的不安全状态，背后都隐藏着人的不安全行为或人的失误，与人的不安全行为或人的操作、管理失误等有着不可分割的联系。物的不安全状态既反映物的自身特性，又反映人的素质和人的决策水平。施工企业对施工全体人员和施工物资采取相应的安全技术措施和安全管理措施，可以有效控制物的不安全状态，预防安全事故的发生。

（三）环境的因素

环境因素指的是施工现场周边环境的不良状态。不良的公路施工环境不仅会影响人的行为，而且会对施工物资等产生不良作用，导致施工安全事故的发生。众所周知，公路建设工程施工作业的显著特点是露天作业、工序繁多，交叉作业多，机械化和半机械化作业程度相对较低，使用的材料种类多等，诸多可变因素都有可能对作业环境产生影响，甚至产生重大影响。

安全事故的发生都是由人的因素和物的因素共同作用引起的，而施工环境是安全事故发生的背景条件，客观上影响了事故隐患的发生和发展。例如，整洁、有序的施工现场肯定较杂乱的施工现场发生事故的概率低，如果施工现场存在施工材料和机械设备胡乱摆放、私拉电线等情况，那么不仅会给公路施工带来不便，而且会引起从业人员的烦躁情绪，进而可能导致从业人员的操作失误，引起安全事故。所以，环境通过对人和物的影响，对事故的发生起到重要作用。

另外，在公路施工现场，如果遇到不利于公路施工的天气或地质环境，也容易引起安全事故。同时，人文环境也是一个不容忽视的因素，如果施工企业有一个良好的安全氛围，甚至形成了企业的安全文化，那么工人在这样的环境下进行公路施工作业，发生安全事故的概率将大大降低。

（四）管理的因素

人的不安全行为和物的不安全状态，往往只是安全事故发生的表面原因。深入分析可以发现，安全事故的根源在于施工企业安全管理方面存在缺陷，因此采取适当的安全管理措施，可以把人的因素、物的因素和环境的因素对安全事故发生的影响程度降到最低。

导致安全事故发生的管理因素主要包括如下内容：企业领导层对施工安全不重视、安全意识薄弱；安全管理机构不完善、职责不明确；安全管理制度不健全；施工组织、安全操作规程不健全或不合理；安全投入和教育培训力度不够；安全隐患排查整改不彻底等。

需要说明的是，在公路施工过程中，施工机械失控、环境突变、安全管理不到位等现象并不是孤立存在的，它们之间存在一定的相互影响和交互作用，共同构成了公路施工安全事故的环境条件。

第二节　危险源的辨识

危险源是指可能导致从业人员伤亡或相关单位财产损失的潜在的不安全因素，而危险源辨识就是识别危险源并确定其特性的过程，是事故预防、安全评价的基础，为公路施工的安全管理工作提供了帮助。

一、危险源的构成要素与分类

根据事故致因分析，归纳总结危险源的构成要素、辨识程序、辨识方法等，能为进一步实施危险源的管理控制提供技术支持。

（一）危险源的构成要素

根据危险源的定义，危险源是导致一切安全事故的起因，应具有以下三个基本要素：

①潜在危险性。

②存在条件。

③触发因素（包括人为因素、自然因素和管理因素）。

（二）危险源的理论分类

公路施工过程中存在的危险源，具体可见表 2-1。

表 2-1　危险源分类表

危险源	具体内容
物理性危险源	①设备、设施缺陷。②防护缺陷。③电危害。④噪声危害。⑤振动危害。⑥电磁辐射。⑦运动物危害。⑧明火。⑨能造成灼伤的高温物质等
化学性危险源	①易燃、易爆性物质。②自燃性物质。③有毒物质。④腐蚀性物质。⑤其他化学性危险、危害因素
心理或生理性危险源	①负荷超限。②健康状况异常。③从事禁忌作业。④心理异常。⑤辨识功能缺陷。⑥其他心理、生理性危险因素
生物性危险源	①致病微生物。②传染病媒介物。③致害动物。④致害植物。⑤其他生理性危险和有害因素
行为性危险源	①指挥错误。②操作失误。③监护失误。④其他错误。⑤其他行为性危险和有害因素

实际上，在公路施工过程中，鉴于危险源种类繁多，且在导致事故发生和事故危害程度方面所起的作用很不相同，难以对其全部概括、罗列，所以依据能量意外释放理论，根据危险源在事故发生、发展中的作用，把危险源分为第一类危险源和第二类危险源两大类。在事故的发生过程中，两类危险源相互依存、相辅相成、共同作用，导致安全事故的发生。

第一类危险源是指可能发生意外释放的能量或危险物质。它是事故发生的前提，决定了事故后果的严重程度。它在公路施工安全系统中，是不可避免、无法完全消除的存在。

第二类危险源是导致约束、限制能量措施失效或破坏的各种不安全因素。它决定了事故发生的可能性大小，主要包括物的故障、人的失误和环境因素三种类型。

通过对工程项目中危险源的分析，可以确定公路施工中存在的危险源类别（见表 2-2）。

表 2-2　施工项目危险源类别

模式	第一类危险源		第二类危险源	
	人的不安全行为	物的不安全状态	人的不安全行为	物的不安全状态
人员	操作不当		监控不当	
机具、设施		重大危险源设备缺陷		重大危险源设备缺陷
施工技术管理方法	技术（工艺）方法不当	技术（工艺）方法不当	管理失误	管理失误
环境	恶劣环境	恶劣环境	恶劣环境	恶劣环境

二、危险源辨识的程序与方法

危险源辨识是控制危险源的基础，是控制危险源的关键措施之一。危险源辨识的内容主要包括工作环境，平面布局，运输线路，施工工序，施工机具、设备，有害作业部位，各种设施等。

（一）危险源辨识的程序

1.分析系统的确定

危险源辨识需要在特定的系统内进行，所以在进行危险源调查之前，首先需要确定所要分析的系统，然后全面辨识整个系统内所有的活动，把总系统逐级分解为子系统，以利于危险源的辨识。

2.危险源的调查

在系统分析和分解完成后，针对系统进行危险源调查，即对公路施工系统中的机械设备及施工材料情况、作业环境情况、施工操作情况、安全管理防护情况等进行统计调查，进行危险源的初始辨识，明确系统中的危险源主要有哪些类别，重大危险源是哪些。

3.危险区域的界定

危险源一旦引发事故，会有一个影响的范围，以危险源点为核心，加上防护范围，即为危险源区域。企业可以通过以下三种方法界定危险源区域：

（1）按照危险源是固定，还是移动界定。

（2）按照危险源是点源，还是线源界定。

（3）按照危险作业场界定。

4.危险源存在条件和触发因素的分析

由于存在条件不同，一定数量的危险物质或一定强度的能量被触发转换为事故的可能性大小不同，所引发事故的危险程度也不同。因此，对危险源的存在条件和触发因素进行分析，是危险源辨识的重要环节。

（1）对危险源的存在条件进行分析，主要是针对第一类危险源进行分析。由于第一类危险源是固定存在的，在一定的触发条件下，这类危险源可能会导致安全事故的发生。

（2）危险源只有在一定的触发条件下，才有可能导致安全事故发生。在公路施工系统中，触发因素可分为人为因素和自然因素。人为因素包括个人因素和管理因素，而自然因素则是指引起危险源转化的各种自然条件。

触发因素主要来自第二类危险源，管理失误导致的人为失误是最大的触发因素。只要对危险源的触发因素加以研究、分析，减少人为失误，就可以减少系统的危险性，以有效提高安全管理水平，从而最大限度地避免安全事故的发生。

5.危险源的等级划分

实质上，危险源的等级划分就是对危险源的评价。危险源的等级一般按危险源在触发因素作用下转化为事故的可能性大小与引发事故的后果严重程度划分，即根据危险源的潜在危险性大小、控制难易程度、事故可能造成的损失情况进行等级划分。

（二）危险源的辨识方法

常用的危险源辨识方法，大致分为直观经验法和系统安全分析方法两大类。

1.直观经验法

直观经验法适用于以往经验可以借鉴的危险源辨识过程，不适用于没有可供参考先例的新系统。直观经验法作为危险源辨识中的常用方法，其优点是简便、易行，缺点是受辨识人员知识、经验和拥有资料的限制，可能出现遗漏。直观经验法主要有对照分析法、经验法和类比推断法等。其中，对照分析法就是对照有关标准、法规、检查表，或依靠专业分析人员的观察分析能力，直观地评价对象的危险性的方法。

在施工项目的危险源辨识中，常用类比推断兼顾专家评议的方法。通过应用相同或类似的工程项目、作业条件的经验和事故类型的统计资料，类推、分析评价对象的危害因素。对于施工作业，它们在事故类别、伤害方式、事故概率等方面极其相似，在作业环境中得到的监测数据也具有很大的相似性，又由于它们遵守相同的规律，因此其危险源和导致的后果也可以类推，具有较高的可信度。

2.系统安全分析法

系统安全分析法是指应用系统安全工程评价方法的部分方法，进行危险源辨识。系统安全分析法常用于复杂系统和没有事故经验的新开发系统，可以广泛适用于不同领域、阶段和场合。目前，对于施工项目较为适用的系统安全分析法有安全检查表法、危险性预先分析法、事故树分析法和因果分析法等。在公路施工项目危险源辨识过程中，可以选择多种方法一起使用。

第三节 安全管理体系

公路施工安全管理的核心是危险源的管理，而不是事故的管理，对危险源的管理控制即是对事故的预防。可以应用安全技术、安全培训教育和安全管理等手段，控制、消除危险源，以避免事故的发生。

公路施工事故发生的原因主要有人的因素、物的因素、环境的因素和管理的因素等，因此基于公路工程施工事故致因的分析，从以下四方面进行危险源管理控制：

一、人员的安全管理

人员的安全管理就是控制人为失误，减少不正确行为对危险源的触发作用。

对人的不安全行为进行管理控制，首先，要合理选择、安排作业人员，由于有的操作管理技术比较复杂，对作业人员的要求较高，因此应选拔那些认真负责、技术能力强的员工从事危险源多的作业；其次，应加强施工企业的安全文化建设，对员工进行严格的培训考核，加强上岗前的安全教育和技能培训，提高员工的安全意识和安全技能。要对从事危险岗位的员工进行专业培训，确保其能严格按照安全操作规程进行作业。培训内容主要包括危险源控制管理的意义、本单位（岗位）的主要危险类型、产生危险的主要原因、控制事故发生的主要方法、日常的安全操作要求、应急措施和各种具体的管理要求等。

二、机械设备的安全管理

一旦物的不安全状态的运动轨迹与人的不安全行为的运动轨迹发生交叉，就会发生安全事故，所以危险源控制管理工作的核心就是消除物的不安全状态和人的不安全行为。

对物的不安全状态的控制，首先，要进行危险源辨识，通过辨识找出危险源，使得管理对象更为明确，通过危险源的评价发现隐患的危害程度，以便为隐患整改提供依据；其次，采用技术措施对固有危险源进行控制，通过对危险源进行消除、控制、转移、防护、隔离和监控等措施清除危险源。

例如，对施工机械危险源进行管理控制，首先，要对其进行辨识和评价；其次，正确选择施工机械设施，合理调配使用，同时做好作业人员的选择、培训和教育工作，保证机械设施的正确使用；最后，对机械设备定期进行安全检查、维修和更新，从而控制、消除危险源，避免事故的发生。

三、施工环境的安全管理

作业环境的优劣，直接关系到公路的施工安全。作业环境管理的核心是如何保持作业环境的整洁有序与安全无害，给作业人员创造一个良好的作业环境。

（一）施工平面布置

施工平面布置的总体要求是：布置紧凑，充分利用场地；场内道路畅通，运输方便，减少二次搬运；在保证顺利施工的条件下，尽可能减少临时设施搭设，尽可能利用附近的原有建筑物作为临时设施；应便于工人生产和生活，办公用房、福利设施应在生活区内。施工平面应符合防火治安、卫生防疫、环境保护和无建设公害的要求。

（二）施工现场功能区划分

根据施工项目的要求，施工现场可划分为作业区（辅助作业区）、材料堆放区和办公生活区。作业区与办公生活区分开设置，并保持安全距离。办公生活区应设置在建筑物坠落半径之外，还应设置防护措施，以免人员误入危险区域。

（三）安全警示标志

根据工程特点及施工的不同阶段，在危险部位要有针对性地设置、悬挂明显的安全警示标志。危险部位主要指施工现场入口、施工起重机械处、临时用电设施处、脚手架处、出入通道口、桥梁口和隧道口等。

四、管理制度的安全管理

在公路施工过程中，可采取以下管理措施，对危险源实施管理控制，达到安全施工的目的：

①建立健全的危险源管理规章制度。在确定危险源后，先要全面分析危险源的危险性，然后进一步完善相关规章制度，如日常管理检查制度、安全操作规程、安全生产责任制、交接班制度、操作人员培训考核制度、考核奖惩制度等。

②将各级危险源的定期检查工作落到实处。应根据危险源的等级，分别确定各级负

27

责人，并明确其具体责任，特别是要明确各级危险源的定期检查责任。

③强化危险源的日常管理，保证工作人员切实执行相关危险源的日常管理规章制度，负责人和安检部门应认真记录好所有的活动，定期进行严格考核，根据检查、考核情况进行奖惩。

④及时根据信息反馈整改隐患。危险源的管理和控制依赖施工现场信息的及时反馈，若想及时地、彻底地整改安全隐患，就必须建立健全的信息反馈制度，并严格执行。

⑤抓好危险源控制管理的基础建设工作，对危险源进行归档管理。在公路施工场地危险源附近设置醒目的安全标志牌，标明危险等级，注明防范措施，并建立危险源档案，指定专人保管、定期整理。

⑥落实危险源控制管理的评价考核和奖惩制度。制定并量化危险源控制管理工作的考核标准，并定期严格考核，将奖惩制度与评先进、班组升级相结合，逐步提高管理要求，从而不断提高危险源控制管理水平。

⑦建立危险源分级管理体系。对于动态危险源，根据其变化快、情况复杂、难于控制等特点，应实行跟踪管理；对于特别危险、情况复杂的危险源，监理应安排专门人员进行定点跟踪，该人员有权在现场采取应急措施及停工观察；针对一般动态危险源，项目经理部应派人跟踪检查，安全部门可随时检查监督。

⑧对重大危险源应制定有针对性的应急预案。施工企业和项目经理部均应编制应急预案，企业应根据自身特点和承包工程的类型、共性特征、重大危险源的存在状况，编制在企业内部具有通用性和普遍指导意义的应急预案；项目部应按应急预案的基本要求，编制符合各个项目特点的、细化的应急预案，以指导施工现场的具体操作。

第四节　提高安全管理水平的措施

一、公路施工从业人员素质的提高措施

（一）配备足够的安全管理人员

公路施工单位应该完善安全管理人员的配备，特别是专职安全管理人员的配备。施工单位应该引进一些具有专业技术、经验丰富的人员，从事安全管理工作。若无法引进这样的专业人才，则可以在现有的从业人员中选一些专业技术过硬的人员接受专业的安全培训，以满足单位对专职安全管理人员的需求。

相关调查分析，公路施工单位现有的安全管理人员的学历整体不高，特别是职称结构不合理，大多数人员都集中在初级职称上。要改变这种局面，一方面，要鼓励安全管理人员继续深造；另一方面，要完善安全管理人员的职称结构，提高中高级职称人员的比例，同时对已经从事安全管理工作的低学历、低职称的人员，进行公路专业知识和安全技术知识的专业培训。

（二）组织针对性的技术技能培训

要想提高员工的素质，首先要加强对员工的职业技术培训教育和安全教育，切实提高其安全生产意识和安全操作技能。同时，要针对不同的工种，对员工进行不同的专业技术培训。另外，施工单位还要经常组织员工进行技术、经验等交流，通过"传、帮、带"等方式，提高员工的专业技能。

二、公路施工设施与设备管理的改善措施

（一）加强公路施工设施与设备的现场管理

一方面，相关人员要严格执行机械保养制度，避免过时保养，以使机械保持良好的工作状态。对于利用率高、易损坏、易出故障的设备，应做好跟踪诊断，变事后修理为

预防性修理。在机械出现异常现象时，工作人员应立即停机检查，并及时向上级汇报，以便单位能迅速组织维修人员进行现场抢修。同时，还要建立安全设备报废和更新制度，对已经不能满足安全生产需要的落后设备和已经超出使用年限不能再用的设备，要及时更新。

另一方面，公路施工单位应在施工现场配备专人，负责机械设备在施工面的使用和保养工作，使机械设备始终在完好状态下发挥最大效能。现场管理人员应负责监督检查操作人员是否按操作规程操作，故障是否得到及时处理，设备是否得到充分利用，保养工作是否及时、到位等，以避免机械设备非正常使用和不合理调派。现场管理人员还应具有一定的管理权，即在设备使用和保养问题上有奖罚权。

（二）提高工作人员的技能水平与业务能力

首先，对于设备管理干部，应对其进行现代化设备管理方法培训，提高他们的业务水平。

其次，对于操作人员、维修人员，应定期或不定期地对其进行技术、业务培训，提高他们的技术水平。一般设备操作人员应做到懂结构、懂原理、懂性能、懂用途，会使用、会保养、会排除一般故障。

特种设备操作人员必须经培训考试合格，得到操作证后方可上岗操作。维修人员必须接受技术培训，掌握设备的原理，能对设备进行预防性维修。此外，操作人员与维修人员必须报告设备运转及修理情况。

三、公路施工作业环境的改善措施

（一）预防生产性粉尘和噪声的危害

对于粉尘控制，首先，加强组织领导是做好防尘工作的关键。针对产生粉尘较多的施工段、施工期，建立粉尘监测制度，并配备专职测尘人员。

其次，采用有效的技术措施，尽可能降低作业环境的粉尘浓度，例如，采用湿式作业法，这是一种经济、易行的防止粉尘飞扬的有效措施。

对于噪声控制，应从工程控制方面来考虑，即在设备采购上，要考虑设备的低噪声、低振动。而在进行爆破作业时，工程控制则起不了太大作用，此时最好采用个人防护。

（二）加强施工人员的防暑降温工作

在夏季，应尽量缩短施工人员在高温下的作业时间，可采取小换班、增加工作休息次数、延长午休时间等方法。休息地点应设在通风阴凉处，并备有饮料、风扇、洗澡设备等，最好是在休息室安装空调等设备。

同时，也要加强个人防护，在高温下作业的施工人员应穿着不吸热、活动方便的工作服，并要佩戴工作帽、防护眼镜等。

（三）做好施工组织设计和施工前的准备工作

首先，做好施工组织设计，合理安排施工段的先后顺序。

其次，做好施工前的准备工作，即在开工前，要认真审阅设计文件，详细了解各段的地质情况，对重要地段重点勘察，进一步核对设计资料。若发现设计文件中有错误或不妥之处，应及时上报。

（四）材料堆放要符合安全要求

在施工现场，材料的堆放应符合以下要求：施工现场的工具、构件、材料必须按照总平面图规定的位置放置；各种材料、构件必须按品种、分规格堆放，并设置明显标牌；各种物料堆放必须整齐，砂、石等材料成方，大型工具应一头见齐，钢筋、构件、钢模板应堆放整齐，并用木方垫起；施工现场的垃圾也应分类型集中堆放；易燃、易爆物品不能混放，现场有集中存放处的除外，班组使用的零散的各种易燃、易爆物品，必须按有关规定存放。

四、公路施工组织管理水平改善措施

（一）建立健全公路施工安全责任制和安全生产保证体系

责任制是管理制度的核心，没有责任制，再完善的管理制度也不过是一纸空文。因此，要建立完善的公路施工安全责任制，以制度的形式，明确公路施工企业各级领导、各职能部门、各类从业人员在生产活动中应负的安全职责。

同时，还要建立安全生产保障体系，具体来说，就是公路工程施工项目应根据具体情况，成立以项目经理为首的安全生产委员会或领导小组，全面负责安全管理工作。

除此之外，还要根据公路工程的规模和特点，配备规定数量的安全管理人员，监督、检查各类人员贯彻执行安全生产管理制度，并协助项目经理推动安全生产管理工作。

（二）明确各级安全管理人员的责任

各地要依法采取措施，分层次明确安全生产责任主体，逐级落实安全生产责任。要突出施工企业主体责任，特别要突出企业负责人、项目负责人的第一责任人的责任。要建立安全生产责任考核评价制度，构建有交通特点的安全生产防控体系。各地可结合国家和地方人民政府确定的安全生产控制指标要求，制定本地区安全生产控制指标。

安全生产责任制要明确各级安全管理人员的责任，成立以项目经理为施工安全第一责任人、组长，以安全管理部门负责人为主要成员，由各管理部门负责人参加的施工安全领导小组。该小组负责监督安全施工，制定安全生产管理措施及方法，是工程施工安全的最高领导机构，有权处理一切违章施工行为。

作为施工安全的第一责任人，项目经理应对公路工程项目施工过程中的劳动保护和安全生产工作担负具体的领导和经济责任，领导并编制项目安全生产管理的目标及措施，建立安全生产保障体系，确定安全生产管理职能。

安全管理部门负责人为施工安全的重要责任人，负责实施安全规章和全面安保工作的落实。

专职安全员以各施工班组专业安全员为成员，具体负责日常的安全工作，检查施工现场的安全隐患，对不穿工作服、不戴安全帽上工地以及高空作业不系安全带等行为进行纠正和处罚，负责爆破、拆除等施工过程中人和设备的安全防护工作。

兼职安全员的责任也不容忽视，负责具体落实分部工程、各工序的安全检查和督促工作，把安全隐患消除在萌芽状态。

（三）提高企业安全教育培训质量

安全教育培训是企业安全管理工作的重要组成部分，是企业安全管理系统工程中极为重要的一个子系统。对员工进行安全教育培训，是企业保证安全生产、提高员工安全防范意识和能力的重要措施。安全教育本身是以企业实现安全生产为最终目标的，按照一定的程序和要求对企业每个岗位员工的心理及日常行为加以规范和影响的系列活动。

当前，随着我国产业水平的不断提高，企业的整体装备水平也在不断提高，对安全教育这项理论化、系统化的工作提出了新的要求。因此，创新安全教育工作，是安全管理工作者亟待解决的课题。

通过对企业的安全教育现状的调查分析可知，公路施工企业安全教育质量并不高，培训的内容没有针对性。针对这些问题，笔者提出了以下五项措施：

1.实行安全教育培训责任制

想要提高企业的安全教育培训质量，实行安全教育培训责任制是非常重要的。

首先，要明确施工现场各级教育培训的责任，并加强对责任主体的监督和考核。

其次，确立安全教育培训的实施责任人，注意培养责任人的职业素养和责任感。

最后，明确接受安全教育的主体，即施工现场全体人员。

2.确定安全教育培训的原则

（1）"三步骤"原则

施工安全教育培训可分为安全生产思想教育培训、安全知识教育培训、安全技能教育培训三个步骤。

安全生产思想教育，即通过安全生产思想和方针政策的教育，提高各级领导、管理干部和广大职工的思想水平，使其严肃、认真地执行安全生产方针、政策。

安全知识教育就是对企业的基本生产概况、施工工艺、机械设备、高处作业、脚手架工程、模板工程、临时用电工程、文明施工、消防器材应用等安全基本知识的学习。

安全技能教育是结合公路施工专业特点，进行安全操作、安全防护所必须具备的基本技术的教育。

（2）经常性原则

当今是新知识、新材料、新技术在各行业应用速度极快的时代，不断更新思想、更新观念、更新知识、更新技术是各行各业生存发展的需要，不更新就意味着倒退，意味着被淘汰。

因此，企业要想与时俱进，就要经常开展员工培训，还要把经常性的安全教育培训贯穿于企业员工工作的全过程，贯穿于每个工程施工的全过程，贯穿于公路施工单位生产活动的全过程。

（3）广泛性原则

所谓广泛性，是指施工单位在进行安全教育时，要保证每名从业人员都能受到教育。

具体应做到以下几点：

首先，要抓好对企业管理者、领导者的安全教育，提高企业管理者的安全意识，提升其安全素养。

其次，建立覆盖企业全体人员的安全教育培训体系，即公路施工单位所有从事生产活动的人员，从企业经理、项目经理，到一般管理人员及一线作业人员，都必须接受安全教育，加强全员、全过程、全方位的安全管理。

（4）理论联系实际的原则

进行安全教育最终目的是对事故进行防范，因此安全教育培训工作要密切结合公路施工的实际情况，保证其能真正服务于安全生产这个中心，使其为安全生产提供智力支持和思想保证。

（5）大众化原则

公路施工人员大多数是农民工，他们的文化水平通常不高。如果培训人员用很专业的语言对他们进行培训，他们很可能就听不懂，最终会失去兴趣，进而对培训产生抵触情绪。因此，安全教育培训工作要做到"通俗易懂"，尽量用浅显的语言和大众易接受的方式进行教育。

（6）创新性原则

敢于创新，就是要做到积极探索，开拓进取，不断探索安全教育培训的新思路、新方法。在与时俱进的同时，更要坚持"发展就是硬道理"，以保持创新的连续性和持久性。

3.明确安全教育培训的内容

在进行培训时，应根据参加培训的员工的工种、岗位，选取合适的安全培训教育内容，具体应遵循以下两个原则：

（1）安全培训教育的内容要满足员工的需求

首先，要满足各层次的需求，包括组织的需求、岗位的需求、员工的需求，例如，隧道施工和桥梁施工需要防范的安全隐患大不相同。

其次，满足不同时期的需求，包括目前的、急需的、中长期发展的需求，例如，因季节或气温变化而产生的不安全因素。在施工现场，雨季施工和高温条件下施工的安全隐患危害程度要远远大于平时。

（2）安全培训的内容要有超前性

培训内容不但要体现针对性，而且要具备超前性，即所选内容，无论是知识，还是技能，都要站在当今科技发展、管理运作的前沿领域。所以，进行安全培训，要针对不同工种、不同从业人员，制定不同的培训内容。

4.选择合适的安全教育培训方法

传统的安全教育培训主要是采用理性灌输法，这是用得最多的一种教育方法。教育者通常从理性角度向受教育者传授安全理论和方法，引导其理解国家安全生产方针、法律法规和政策，以及企业的安全生产规章制度等，掌握预防和控制危险的手段和方法。这种教育方法虽然具有系统性、理论性的优点，但会让人感到枯燥乏味，无法调动受教育者的积极性。

因此，笔者提出以下几种安全教育培训的方法以供选择：

（1）互动、交流式的感性教育法

采用互动式教学，将教和学置于研究、探讨的氛围中，不同的人对同一问题有不同的看法，而开放、互动的方式有助于参与者畅谈自己的想法，与大家一起探讨，听取别人的经验和体会，互相启发，相互学习，整个学习氛围十分轻松。

该方法的优点是能够充分调动员工的积极性，让员工充分发表自己的见解，有利于深化主题，提高大家对某一问题的认识程度，最后再由培训人员进行归纳和总结，以便达到更好的培训效果。

（2）理性灌输法与案例培训法相结合

案例培训法是用一定的视听媒介，如文字、图片、视频等，将客观存在的情景，通过多媒体等展现出来。培训人员把历史上发生过的公路施工事故进行分类整理，并把各种事故发生的原因及如何防范、发生事故后如何处理等内容一一列出，能够使培训内容更加形象直观、通俗易懂，从而使参训员工记忆深刻。但它也有不足之处，即展示的案例数量有限。

因此，可将理性灌输法与案例培训法相结合，既避免了理性灌输法的枯燥乏味，又能使员工学到更多的安全知识，弥补了案例涉及的安全知识不能满足现实需要的不足。

（3）直观教学法

直观教学法实际上就是通过现场、实物或模拟演示（演练）迅速吸引参训员工的注意力，使他们有一种身临其境的感觉。这种培训方法可以最大限度地激发员工的学习兴趣，提高员工接受培训的积极性和主动性，从而达到最佳的培训效果。

其具有以下特点：

一是直观、形象，解决了培训内容抽象、空洞的问题，寓教于乐，使员工容易掌握学习的内容。

二是有针对性，可以根据工作或生产的实际情况，突出组织某个方面的培训，还可以灵活选择培训项目。

三是实用性强，能使参训员工加深认识，特别是能弥补部分参训员工文化水平低的不足。

安全教育培训的方法是多种多样的，每种方法都有其优缺点，施工单位可以根据实际情况，选择适合的安全教育培训方法，也可在以往方法的基础上有所发展和创新。

5.建立健全的安全培训效果监督、反馈机制

一方面，安全培训的最终目的是提高从业人员的安全素质，使从业人员能够在实际工作中安全生产。

另一方面，从调研的情况来看，一部分从业人员在工作中只关心行为的经济考核，而不关心行为的安全后果。因此，要建立健全安全培训效果监督、反馈机制。

（四）提高企业的安全文化水平

安全文化是人们安全价值观、思维方式和行为规范的总和，是以安全价值观为核心的人们的内在安全素质及其外在表现。

目前，施工现场的实际情况是，许多施工人员存在不安全行为，大量不安全行为的结果必然导致事故发生。在安全管理上，时时、处处、事事监督施工现场的每名施工人员，以保证其做到遵章守纪，是一件十分困难的事情，甚至是不可能的事，这必然会带来安全管理上的漏洞。开展企业的安全文化建设，可弥补安全管理手段的不足。因此，要提高企业的安全管理水平，就要推动企业的安全文化建设，在这之前，要了解安全文化建设的原则和主要措施。

1.安全文化建设的原则

任何施工单位都要面对安全生产工作，需要对安全生产有一定的认识和保证措施。因此，施工单位的安全文化没有"有"与"没有"之分，只有"优"与"劣"之分。但是，良好的施工单位安全文化不是自然而然得来的，而是需要其有目的地去建设，并且安全文化建设是一个过程，在这个过程中必须遵循一些原则。

（1）安全第一，预防为主，遵章守纪

施工单位的安全文化体现在单位员工的安全价值观念、思维方式和行为规范上。安全价值观念和思维方式是全体员工内在安全文化素质的主要内容，行为规范是全体员工安全文化素质外在表现的主要内容。施工单位有必要将安全第一的安全价值观念、预防为主的思维方式，以及遵章守纪的行为规范，作为安全文化建设的主要内容。

（2）实事求是，注重实效

安全文化建设是一个从低级向高级循序渐进的发展过程。一般来说，首先，应加强施工单位行为规范建设；其次，强化施工单位安全文化物质系统建设；最后，使员工形成安全价值观念。

施工单位的安全价值观一旦形成并被全体员工接受，即具有一定的稳定性，安全生产就有了核心的指导思想。将施工单位安全文化建设分为若干阶段，提出每个阶段的目标、任务、内容和对策措施，体现了实事求是、注重实效的原则。

（3）全员参与，通力协作

施工单位的安全文化是全体员工安全价值观念、思维方式、行为规范的总和，施工单位领导的观念和行为只是榜样的作用，开展施工单位安全文化建设，需要全体员工积极参与。没有员工的参与或者员工参与的意愿不强烈，这样的企业安全文化就不能被认为是良好的安全文化。

通力协作要求各部门将安全文化建设提高到议事日程上，各负其责，并相互沟通。

（4）坚持继承和变革

任何一个企业都不可能割断其自身的文化传统，都必须在继承的基础上发展。因此，施工单位应在其安全文化建设中理性地分析、归纳、总结自身安全生产工作的精华，将其纳入安全文化建设规划并付诸实施，使其在新的安全文化体系中获得新的生命力。

在施工单位安全文化建设中，继承和变革不是可以分开的两个独立的部分，也不是有先后顺序的"两步走"，而是在内容上相互交叉、交融，在时间上同步进行的。通过继承与变革，施工单位的安全文化体系将更完整，也更有活力。

2.开展安全文化建设的主要措施

（1）营造施工单位安全文化氛围

营造施工单位的安全文化氛围，是一项涉及面很广、持续时间很长、业务量很大的任务。

首先，要树立"以人为本"的安全文化理念。现代施工单位的安全文化涉及全体员工的安全素质，是建立在"以人为本"的理念上的。由于安全文化对人的影响是多层次的，因此不可能在短期内产生明显的效果，只有通过各种手段，对员工进行熏陶、培养和塑造，才能形成一种安全文化氛围，促使员工的安全意识产生质的飞跃。

其次，安全文化氛围的营造，要结合公路施工单位的实际。公路施工单位都有行业的共同特性，安全文化氛围的营造策略途径、方法均可以相互借鉴，但必须从自身的实际情况出发，使营造的安全文化氛围切合本单位的实际。一方面，要符合施工安全工作的实际需求，不要凭空臆造；另一方面，要结合本单位的优良传统和习惯，不良的传统和习惯需要逐渐改进。

最后，安全氛围的营造需要大力宣传。施工单位可以用信息简报、展示窗等方式，向员工普及安全知识，使员工耳濡目染，帮助他们树立安全生产意识，培养他们养成良好的安全生产习惯，使安全观念深入人心。

（2）将安全文化融入施工单位总体文化和各项工作

首先，安全文化是施工单位总体文化的重要组成部分。安全文化必须融于施工单位总体文化，没有施工单位总体文化的发展，其安全文化也就没有了根基。安全意识又是安全文化的基础，因此必须加强对施工单位员工的安全素质教育，强化员工的安全意识，全面提升员工的思想素质和文化素质。

其次，安全文化建设必须融入施工单位的各项工作。在施工单位的总体理念、生产目标、总体规划、岗位责任制的制定、施工过程控制，以及监督反馈等方面，融入安全文化的内容。

在新形势下，我国公路建设的市场竞争越来越激烈，对公路工程施工项目管理的要求越来越高。公路工程施工企业要在其管理理念、组织机构、管理技术和管理模式方面进行创新，促进企业健康、可持续发展。

第三章　公路工程施工项目进度管理

第一节　项目进度管理概述

在项目管理中，有一项关键内容，就是合理地安排项目进度，其目的是保证按时完成项目、合理分配资源、提高项目的经济效益。进度管理就是采用科学的方法，确定进度目标、编制进度计划和资源供应计划，对编制的进度计划与实际的进度进行管理，控制整个项目的总进度。

一、项目进度管理的特点

公路工程的施工生产是劳动过程与自然过程的结合，在施工中受自然条件的影响很大，这就使其施工组织、施工程序及施工工艺因实施条件的变化而进行相应地调整与改变。因此，公路工程施工进度管理非常复杂。

公路工程施工进度管理具有下列特点：

（一）进度管理是一个动态过程

一个公路工程项目的工期少则几天、多则几年。一方面，在这样长的时间里，工程建设环境在不断变化；另一方面，实施进度与计划进度会发生偏差。因此，在公路工程项目进度控制中，要根据进度目标与实际进度，结合工程的实际情况，不断调整进度计划，并采取一些必要的控制措施，排除障碍，确保进度目标的实现。

（二）进度管理是一项复杂的系统工程

进度计划按工作内容可分为整个项目的总进度计划、单位工程进度计划、分部分项工程进度计划等；按生产要素可分为投资计划、物资设备供应计划等。因此，进度计划十分复杂。而进度控制更复杂，它要管理整个计划系统，不局限于控制项目实施过程中的施工计划。

（三）进度管理有明显的阶段性

在设计、施工招标、施工等阶段，均有明确的开始、完成时间和相应的工作内容。由于各阶段的工作内容不同，因而有不同的控制标准和协调内容。在每一阶段进度完成后，都要对照计划作出评价，并根据评价结果进行下一阶段的进度安排。

（四）进度计划具有不均衡性

对于施工进度来说，由于外界环境的干扰、工作环境的变化、施工内容和难度上的差别，在年、季、月、日间很难做到均衡施工，这就增加了进度管理的难度。

（五）进度管理风险性大

由于公路工程施工项目具有单一性和一次性的特点，进度管理是一项不可逆转的工作，因而风险较大。这就要求管理人员在进度管理中，既要沿用前人的管理理论知识，又要借鉴同类工程进度管理的经验和成果，还要根据当前工程的特点，对项目进度进行科学管理。

二、项目进度管理的内容

公路工程施工项目有技术要求高、投资大、建设周期长、涉及面广等特点。为使项目的进度能达到预期目标，并争取使项目早日投入使用而获取经济效益，针对施工全过程的进度控制是十分必要的。进度管理的目的是按照承包合同规定的进度和质量要求，完成工程建设任务，同时把项目费用控制在预算范围内，为企业获得合理的利润。而要保证进度管理作用的实现，需要做好以下几项工作：

（一）对项目工作进行分解

要对项目的进度进行管理，必须先对项目进行分解，工作分解就是先把复杂的项目一层一层地分解，直到将项目工作拆分成一个个单独的、可执行的工作，并在此基础上，对项目工作进行逻辑关系排序，分配资源，估计工期，然后形成计划。项目工作分解是项目目标进一步明确的前提，也是进行项目进度计划控制的基础。

（二）编制施工进度计划

所谓进度计划，是指在工作分解结构的基础上，对项目、任务所作的一系列时间、资源方面的安排。在项目开始之前编制进度计划，是一件非常必要的事情，进度计划反映任务在整个项目中所处的位置、由谁来负责完成、需要什么样的资源、任务之间的逻辑关系等。同时，编制进度计划，可以对任务的工期、资源和成本进行优化选择。

在工程投标时，已经按照招标文件或规定编制了粗略的施工方案和进度计划，中标后可根据现场施工条件和合同规定的工期，编制详细的施工进度计划。该计划的内容包括确定开工前的各项准备工作、选择施工方法、组织流水作业、协调各个工种在施工中的搭接和配合、安排劳动力和各种施工物资的供应、确定各分部（项）工程的目标工期和全部工程的完工时间等。施工计划安排应适当，既不能太紧，又不能太松，如果计划太紧，可能导致项目无法按时完成，如果计划太松，则不能有效提高施工效率。

（三）组织进度计划的实施

施工进度计划报业主审批后应严格执行，把进度计划布置下去，调配人力、施工物资和资金，确保实施到位；应及时检查和发现影响进度的问题，并采取适当的技术和组织措施，在必要时，可修订和更新进度计划。

（四）与业主及分包单位密切沟通

定期向业主报告工程进度；对业主提出的变更指令、赶工或加快指令及时进行处理。与业主的良好合作是顺利实施进度计划的一个重要条件，还要监督各分包单位的工作，及时协调分包单位的施工配合。

三、项目进度管理的系统原理与要求

（一）进度管理的系统原理

为确保工程进度目标实现，承包商要编制年度总目标的计划体系。该计划体系主要包括总体进度计划、单项工程进度计划、年度计划、季度与月份生产计划，以及与这些进度计划相匹配的资源供应计划、资金需求计划、各项生产任务完成报告等。

施工进度计划的实施保证，从内容上，可概括为组织保证、技术保证、合同保证、经济保证；按照工程项目建设的参与方进行划分，有承包商的保证、监理的保证和业主的保证。

从项目经理到各职能部门的负责人，为确保工程进度目标的实现，要齐心协力、各尽其职，加强内部管理，尤其应注重人、机、料三大要素的优化配置与协调。项目经理应将整个工程逐项分解，由粗到细，最后形成月生产计划和周工作计划，下达或上报监理。应派专人记录进度的实际情况，收集反映进度的数据，统计、整理、汇总实际进度数据，形成实际进度报表，并将其与计划进度相比较，以利于后续工程施工。不同层级人员有不同的进度控制职责，共同组成一个纵横相连的承包商进度控制保证系统。

（二）进度管理的要求

①科学预测工程招标市场，确定合理的计划管理目标。

②承包签约的项目以合同工期为目标，倒排或正排施工计划。

③施工计划管理工作既要保证重点工程，又要协调兼顾一般项目。

④施工方案、施工工艺及施工顺序均应合理安排。

⑤力求各项工程的施工计划均衡、紧密配合，还应留一定的调整余地，以适应施工中实际情况的变化。

⑥项目施工管理中的各项工作在计划编制上要紧密衔接。

四、项目进度管理的基本程序

项目进度管理是公路工程施工管理的中心环节，是一种周期性的循环过程，其基本

程序通常包括以下内容:

(一)确定施工进度目标

根据施工合同确定开工日期、总工期和竣工日期,确定施工进度目标,明确计划开工日期和计划竣工日期,并确定项目分期分批的开工、竣工日期。

(二)编制施工进度计划

施工进度计划应根据工艺关系、组织关系、搭接关系、起止时间、劳动力计划、材料计划、机械计划及其保证性计划等因素,综合编制。

(三)报送开工申请报告

向监理工程师提出开工申请报告,并按监理工程师下达的指定日期开工。

(四)实施施工进度计划

承包商在实施计划时,必须对照原计划进行检查,在工程施工期间,应及时掌握影响和妨碍工程进度的不利因素。在项目实施过程中,由于外部各种不确定因素的存在,往往会导致实际进度与计划进度的偏差,如不能及时发现并纠正这些偏差,必然会影响项目进度管理目标的实现。因此,当出现进度偏差时,项目管理者应根据项目跟踪提供的信息,对计划进度目标与实际进度达到目标值进行比较,找出偏差及其产生原因,采取措施调整纠正,并不断预测未来进度状况。

(五)调整工程进度计划

跟踪计划的实施并进行监督,当发现工程现场的组织安排、施工顺序或人力、设备与计划进度上的方案出现较大程度的不一致时,应对原工程进度计划及现金流动计划予以调整,调整后的工程进度计划应符合工程现场的实际情况,并满足合同工期的要求。

(六)进行进度控制总结

进度控制是指在限定的工期内,以事先拟定的合理且经济的项目进度计划为依据,对整个项目过程进行监督、检查、指导和纠正的行为过程。在施工进度计划完成后,项目经理部应及时进行施工进度控制总结,并编写进度控制报告。该报告可体现在"项目管理工作总结"中。

第二节　项目进度计划的编制及实施

一、项目进度计划的编制

（一）进度计划编制依据及原则

1.进度计划编制依据

编制公路施工项目进度计划，是对工程实施过程进行管理的前提。在工程开始施工前，必须制订一份科学、合理的工程项目进度计划，确定一个合理的计划工期。确定计划工期的依据有以下方面：

（1）合同或上级规定的开工日期、竣工日期。

（2）工程图纸。

（3）各类定额。

（4）劳动力、材料、机械供应情况。

（5）主导工程的施工方案（施工顺序、施工方案、作业方式）。

（6）有关施工现场的水文、地质、气象和经济资料。

（7）已建成的同类工程或相似项目的实际工程进度情况。

承包商在接到中标通知书后，应认真阅读技术规范设计图纸，并对现场的地形地貌、征地拆迁等情况进行认真调查研究，做好相关的施工组织设计工作，编制既切实可行、符合合同，又能指导施工的施工计划。

2.进度计划编制原则

在编制施工项目进度计划前，必须做好深入的调查研究工作，充分估计可能发生的各种情况；在安排进度计划时，应扣除法定的节假日，估计雨季或其他原因需停工的时间，以及指令工期或合同工期与这些必要的停工时间差，根据实际情况安排施工作业时间。另外，还要在施工日期上保留一定的机动时间，便于在出现意外情况时进行调整和补救。

在制订施工项目进度计划时，应该遵守以下原则：

（1）确保工期的原则

根据工程量、业主的总体施工计划和阶段施工计划，编制和调整实施性施工计划，并以此为基础进行生产要素的资源配置，确保工期进度及工程质量。

（2）均衡生产和重点突出的原则

既要保证重点工程，又要兼顾一般项目。对于重点项目，预料可能的施工障碍及变化，着重考虑相应的施工方案和措施，优先安排，重点保障，组织专业化施工，力争提前竣工，其余工程按照均衡生产的原则组织施工。各项工程的施工计划不仅要均衡、紧密配合，而且应留有一定的调整余地，以适应施工中实际情况的变化。

（3）技术创新与管理创新的原则

在工程建设中积极推进技术创新和既有技术成果的转化，优化施工方案；积极进行管理创新，始终把握关键线路；优化生产要素配置，努力提高作业效率，保证施工进度。施工组织、施工方法、施工方案、施工工艺及施工顺序均应合理安排。

（4）合理分段、科学组织的原则

结合项目的工程数量和技术要求，合理划分作业区段，分段应清楚、明了，以便管理和充分利用人力资源及设备资源。同时，在施工过程中，应优化施工组织管理，根据具体情况，可采取平行作业、顺序作业或者流水作业的方法组织施工。

3.进度计划的主要作用

（1）确定项目各项任务的范围，管理人员可依据进度计划，制定完成各项任务的时间表，阐明每项任务必需的人力、物力、财力，确定预算，保证项目的顺利实施。

（2）可借以确定项目各成员和工作的责任范围，以便按要求去指导和控制项目的工作，减少风险。

（3）可作为分析、协商及记录项目范围变化的基础。这样，就为项目的跟踪控制过程提供了一条基线，用以衡量进度，记录各种偏差及整改措施，便于对项目进度进行管理。

（二）进度计划的分类

根据工程项目实施的阶段，工程项目进度计划可分为总体进度计划和年度、月度进度计划。对于某些重要项目，如桥梁、隧道等，还要单独编制关键工程进度计划。

1.总体进度计划

工程项目的施工总进度计划是用来指导工程全局的，是工程从开工到竣工各个主要环节的总体进度安排，起着控制工程总体及各个单位工程或各个施工阶段工期的作用。承包商自接到中标通知书之日起，要在合同条件约定的时间内，提交一份格式和细节都符合监理工程师规定的工程总进度计划，以取得监理工程师的同意。

总体进度计划的编制，可以采用横道图、斜线图、进度曲线图或网络计划图的方式，但无论采用哪种方式编制，在总体进度计划中，均应包括工程项目的合同工期、完成各单位工程及各施工阶段所需要的工期、最早开始时间和最迟结束时间、各单位工程及各施工阶段需要完成的工程量及现金流动估算、各单位工程及施工阶段所需配备的人力和机械数量、各单位工程或分部工程的施工方案和施工方法等。

2.年度、月度进度计划

对于比较大的公路工程项目，需要编制年度、月度进度计划，年度进度计划要受工程总体进度计划的控制，而月度进度计划又受年度进度计划的控制。

（1）年度进度计划

年度进度计划统一安排全年的年度施工任务，确定各项年度生产指标，根据年度季节、气候的不同，合理安排施工进度。在年度进度计划中，应反映本年度计划完成的单位工程，施工阶段的工程项目内容、工程数量、投资指标，施工队伍和主要施工设备的数量及调配顺序，不同季节及气候条件下各项工程的时间安排，以及在总体进度计划下对各分项工程进行局部调整或修改的详细说明等。

因此，在年度计划的安排中，应重点突出组织顺序上的联系，如大型机械的转移顺序、主要施工队伍的转移顺序等。先安排重点、大型、复杂、周期长、占劳动力和施工机械多的工程，优先安排主要工种或经常处于短线状态的工种施工任务，使其能够连续工作。

（2）月度进度计划

通过月度进度计划，相关人员可以确定月度施工任务，如本月施工的工程项目、主要的工程量等。月度进度计划能够指导施工作业，有助于管理人员进行月度施工各项指标的平衡汇总，以便综合衡量完成的工程数量和工程投资。同时，月度进度计划也是考核月度施工情况的依据。

因此，在月度进度计划中，应反映本月计划完成的各项工程内容及顺序安排，完成本月及各项工程的工程数量和投资额，完成各分项工程的施工队伍及人力、主要设备的配额，在年度计划下对各单位工程或分项工程进行局部调整或修改的详细说明等。

3.关键工程进度计划

关键工程进度计划是指在一个公路工程施工项目中起控制作用的关键工程，如某一桥梁工程、隧道工程或立体交叉工程的进度计划。由于关键工程的施工工期常常关系到整个工程项目施工总工期的长短，因此在施工进度计划的编制过程中，应单独编制关键工程进度计划。

关键工程进度计划应包括具体施工方案和施工方法，总体进度计划及各道工序的控制日期，现金流动估算，各施工阶段的人力和设备的配额及运转安排，施工准备及结束清场的时间安排，对总体进度安排计划及其他相关工程的控制、依赖关系和说明等。

（三）进度计划的编制形式

1.横道图

公路工程的进度横道图是以时间为横坐标，以各分部（项）工程或工作内容为纵坐标，按一定的施工顺序，用带时间比例的水平横线表示对应工作内容持续时间的进度计划图表。

在公路工程中，常常在横道图对应分项的横线下方标注当月计划应完成的累计工程量或工作量百分数，在横线上方标注当月实际完成的累计工程量或工作量百分数。

2.S 曲线

S 曲线是以时间为横轴，以累计完成工程费用的百分数为纵轴的图表化曲线。一般在图上标注计划曲线和实际支付曲线，如果实际支付曲线高于计划曲线，则说明实际进度快于计划，否则就慢于计划。此外，曲线本身的斜率也反映进度推进的快慢。

在公路工程中，常常将 S 曲线和横道图合并于同一张图表中，并将合并后的图表称为公路工程进度表。公路工程进度表既能反映各分部（项）工程的进度，又能反映工程总体的进度。

3.垂直图

垂直图，也称为斜条图、时间里程图，其以公路里程或工程位置为横轴，以时间为纵轴，相应地，各分部（项）工程的施工进度则以不同的斜线表示。

垂直图很适合表示公路、隧道等线形工程的总体施工进度，其斜线越陡，则说明施工进度越慢，其斜线越平，则说明施工进度越快。

4.斜率图

斜率图是以时间（月份）为横轴，以累计完成的工程量的百分数为纵轴，将分项工程的施工进度相应地用不同斜率表示的图表化曲（折）线，事实上，就是分项工程的 S 曲（折）线。斜率图主要作为公路工程投标文件中施工组织设计的附表，以反映公路工程的施工进度。

二、项目进度计划的实施

项目进度计划的实施，就是按施工进度计划开展施工活动，落实和完成计划。项目进度计划逐步实施的过程，就是项目施工逐步完成的过程。为保证项目各项施工活动能够按施工进度计划所确定的顺序和时间进行，以及保证各阶段进度目标和总进度目标的实现，应做好以下工作：

①检查各层次的计划，并进一步编制月（旬）作业计划。

②综合平衡，做好主要要素的优化配置。

③层层签订承包合同，并签发施工任务书。

④全面实行层层计划交底，保证全体人员共同参与计划实施。

⑤做好施工记录，掌握现场实际情况。

⑥做好施工中的调度工作。

⑦预测干扰因素，采取预控制措施。

第三节　项目进度计划实施中的监测与调整

一、项目进度监测的系统过程

（一）进度计划执行中的跟踪检查

对进度计划的执行情况进行跟踪检查，是获得计划执行信息的主要方法。跟踪检查的主要工作是定期收集反映工程实际进度的有关数据，收集的数据应当全面、真实、可靠，不完整或不正确的进度数据将导致管理人员的判断不准确，甚至决策失误。为了全面、准确地掌握进度计划的执行情况，监理工程师应该认真做好以下几个方面的工作：

1.定期收集进度报表资料

进度报表是反映工程实际进度的主要方式之一。进度计划执行单位应按照进度监理制度规定的时间和报表内容，定期填写进度报表。监理工程师通过收集进度报表资料，掌握工程实际进展情况。一般情况下，进度控制的效果与收集数据资料的时间间隔有关。如果不经常地、定期地收集实际进度数据，就难以有效地控制实际进度。

2.实地检查工程进展情况

派监理人员常驻现场，随时检查进度计划的实际执行情况，这样可以加强进度监测工作的效果，掌握工程实际进度的第一手资料，以便及时地获取准确数据。

3.定期召开现场会议

定期召开现场会议，既可以了解工程的实际进度状况，又可以协调有关方面的进度关系。

4.视工程的具体情况进行进度检查

进度检查的时间间隔与工程项目的类型、规模、监理对象及有关条件等多方面因素相关，可视工程的具体情况，每月、每半月或每周进行一次检查。在特殊情况下，甚至需要每日进行一次进度检查。

（二）实际进度数据的加工处理

为了进行实际进度与计划进度的比较，必须对收集的实际进度数据进行加工处理，形成与计划进度具有可比性的数据。

（三）实际进度与计划进度的对比分析

将实际进度数据与计划进度数据进行比较，可以确定建设工程实际执行状况与计划目标之间的差距。为了直观地反映实际进度偏差，通常采用表格或图形进行实际进度与计划进度的对比分析，从而得出实际进度比计划进度超前、滞后，还是一致的结论。

二、项目进度调整的系统过程

公路工程施工进度调整的系统过程，如图 3-1 所示。

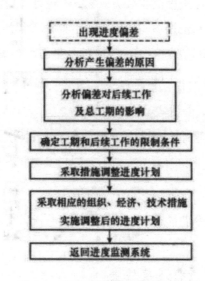

图 3-1　公路工程进度调整系统过程

（一）分析进度偏差产生的原因

通过实际进度与计划进度的比较，当发现进度偏差时，为了能采取有效措施调整进度计划，必须深入现场进行调查，分析产生进度偏差的原因。

进度偏差的识别与分析是项目进度管理的一个重要环节，是进度计划调整的基础。

常用的进度偏差识别方法有横道图比较法、S 形曲线比较法、香蕉曲线比较法、前锋线比较法和列表比较法。

1.横道图比较法

横道图比较法是指将在项目实施过程中因检查实际进度而收集的数据，经加工整理后直接用横道线平行绘于原计划的横道线处，进行实际进度与计划进度比较的方法。

横道图比较法可以形象、直观地反映实际进度与计划进度的比较情况。根据工程项目中各项工作的进展是否匀速，可分别采用匀速进展和非匀速进展比较法，进行实际进度与计划进度的比较。

（1）匀速进展横道图比较法

在工程项目中，每项工作在单位时间内完成的任务量都是相等的，即工作的进展速度是均匀的，这称为匀速进展。此时，每项工作累计完成的任务量与时间呈线性关系，如图 3-2 所示。完成的任务量可以用实物工程量、劳动消耗量或费用支出表示。为了便于比较，通常用上述物理量的百分比表示。

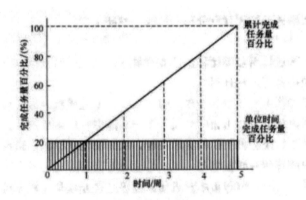

图 3-2　工作匀速进展时完成任务量与时间关系曲线

采用匀速进展横道图比较法的步骤如下：

①编制横道图进度计划。

②在进度计划上标出检查日期。

③将检查收集的实际进度数据经加工整理后，按比例用涂黑的粗线标于计划进度的

下方。

④对比分析实际进度与计划进度：如果涂黑的粗线右端落在检查日期左侧，则表明实际进度落后；如果涂黑的粗线右端落在检查日期右侧，则表明实际进度超前；如果涂黑的粗线右端与检查日期重合，则表明实际进度与计划进度一致。

该方法仅适用于工作从开始到结束的整个过程，其进展速度均为固定不变的情况。如果工作的进展速度是变化的，则不能采用这种方法进行实际进度与计划进度的比较，否则会得出错误的结论。

（2）非匀速进展横道图比较法

当工作在不同单位时间里的进展速度不相等时，累计完成的任务量与时间的关系就不可能是线性关系。此时，应采用非匀速进展横道图比较法，进行工作实际进度与计划进度的比较。

非匀速进展横道图比较法在用涂黑粗线表示工作实际进度的同时，还要标出其对应时刻完成任务量的累计百分比，并将该百分比与其同时刻计划完成任务量的累计百分比相比较，判断工作实际进度与计划进度之间的关系。

采用非匀速进展横道图比较法的步骤如下：

①编制横道图进度计划。

②在横道线上方标出各主要时间工作的计划完成任务量累计百分比。

③在横道线下方标出相应时间工作的实际完成任务量累计百分比。

④从开始之日起，用涂黑粗线标出工作的实际进度，同时反映该工作在实施过程中的连续与间断情况。

⑤通过比较同一时刻实际完成任务量累计百分比与计划完成任务量累计百分比，判断工作实际进度与计划进度之间的关系：如果同一时刻横道线上方累计百分比大于横道线下方累计百分比，则表明实际进度拖后，拖欠的任务量为二者之差；如果同一时刻横道线上方累计百分比小于横道线下方累计百分比，则表明实际进度超前，超额完成的任务量为二者之差；如果同一时刻横道线上下方两个累计百分比相等，则表明实际进度与计划进度一致。

由于工作进展速度是变化的，因此图中的横道线，无论是表示计划进度的，还是表示实际进度的，只能表示工作的开始时间、完成时间和持续时间，并不能表示计划完成的任务量和实际完成的任务量。此外，采用非匀速进展横道图比较法，不仅可以进行某一时刻（如检查日期）实际进度与计划进度的比较，而且能进行某一时间段实际进度与计划进度的比较。当然，这要实施部门按规定的时间记录当时的任务完成情况。

横道图比较法虽然有记录和比较简单、形象直观、易于掌握、使用方便等优点，但是由于其以横道计划为基础，因而带有不可避免的局限性。在横道计划中，各项工作之间的逻辑关系表达不明确，关键工作和关键线路无法确定，一旦某些工作实际进度出现偏差，就难以预测其对后续工作和工程总工期的影响，也就难以确定相应的进度计划调整方法。因此，横道图比较法主要用于工程项目中某些工作实际进度与计划进度的局部比较。

2.S 曲线比较法

S 曲线比较法是先以横坐标表示时间，纵坐标表示累计完成任务量，绘制一条按计划时间累计完成任务量的 S 曲线，然后将工程项目实施过程中各检查时间实际累计完成任务量的 S 曲线也绘制在同一坐标系中，进行实际进度与计划进度比较的一种方法。

从整个工程项目的实际进展全过程来看，单位时间投入的资源量一般是开始和结束时较少，中间阶段较多。与其相对应，单位时间完成的任务量也呈同样的变化规律，如图 3-3（a）所示。而随工程进展累计完成的任务量，则应呈 S 形变化，如图 3-3（b）所示。由于其形似英文字母"S"，S 曲线因此而得名。

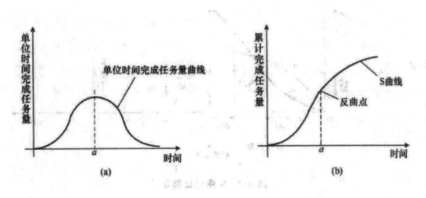

图 3-3　时间与完成任务量关系曲线

（1）S 曲线的绘制方法

①确定单位时间计划完成的任务量。

②计算不同时间累计完成的任务量。

③根据累计完成的任务量绘制 S 曲线。

（2）实际进度与计划进度的比较

与横道图比较法一样，S 曲线比较法也是在图上进行工程项目实际进度与计划进度的直观比较。在工程项目实施过程中，按照规定时间将检查收集到的实际累计完成任务量绘制在原计划 S 曲线图上，即可得到实际进度 S 曲线，如图 3-4 所示。

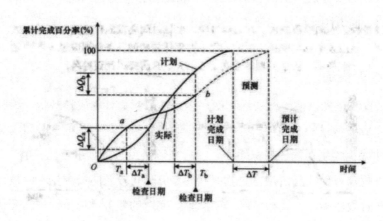

图 3-4　S 曲线比较图

通过比较实际进度 S 曲线与计划进度 S 曲线，可以获得如下信息：

①工程项目实际进展状况。如果工程实际进展点落在计划 S 曲线左侧，表明此时实际进度比计划进度超前，如图 3-4 中的 a 点；如果工程实际进展点落在计划 S 曲线右侧，表明此时实际进度拖后，如图 3-4 中的 b 点；如果工程实际进展点正好落在计划 S 曲线上，则表示此时实际进度与计划进度一致。

②工程项目实际进度超前或拖后的时间。在 S 曲线比较图中，可以直接读出实际进度比计划进度超前或拖后的时间。

③工程项目实际超额或拖欠的任务量。在 S 曲线比较图中，也可直接读出实际进度比计划进度超额或拖欠的任务量。

④后期工程进度预测。如果后期工程按原计划速度进行，则可画出后期工程计划 S 曲线，如图 3-4 中表示预测的虚线，从而可以确定工期拖延预测值。

3.香蕉曲线比较法

香蕉曲线是由两条 S 曲线组合而成的闭合曲线。由 S 曲线比较法可知，工程项目累计完成的任务量与计划时间的关系，可以用一条 S 曲线表示。

对于一个工程项目的网络计划来说，如果以其中各项工作的最早开始时间安排进度绘制 S 曲线，则称为 ES 曲线；如果以其中各项工作的最迟开始时间安排进度绘制 S 曲线，则称为 LS 曲线。两条曲线具有相同的起点和终点，因此两条曲线是闭合的。在一般情况下，ES 曲线上的其余各点均落在 LS 曲线的相应点的左侧。由于该闭合曲线形似"香蕉"，因此被称为香蕉曲线，如图 3-5 所示。

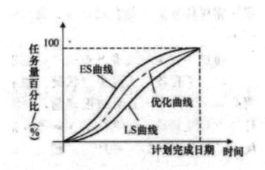

图 3-5　香蕉曲线比较图

（1）香蕉曲线比较法的作用

①合理安排工程项目进度计划。如果工程项目中的各项工作均按其最早开始时间安排进度，则将导致项目的投资加大；如果各项工作都按其最迟开始时间安排进度，那么一旦受到进度影响因素的干扰，又将导致工期拖延，使工程进度风险加大。因此，一个科学、合理的进度计划优化曲线应处于香蕉曲线所包括的区域内。

②定期比较工程项目的实际进度与计划进度。在工程项目的实施过程中，根据每次检查收集的实际完成任务量，绘制出实际进度 S 曲线，便可以与计划进度进行比较。工程项目实施进度的理想状态，是任一时刻的工程实际进展点都应落在香蕉曲线图的范围内。如果工程实际进展点落在 ES 曲线的左侧，则表明此刻实际进度比各项工作按其最早开始时间安排的计划进度超前；如果工程实际进展点落在 LS 曲线的右侧，则表明此刻实际进度比各项工作按其最迟开始时间安排的计划进度拖后。可以用香蕉曲线预测后期工程的进展情况。

（2）香蕉曲线的绘制方法

香蕉曲线的绘制方法与 S 曲线的绘制方法基本相同，不同之处在于，香蕉曲线是以工作按最早开始时间安排进度和按最迟开始时间安排进度分别绘制的两条 S 曲线组合而成的。其绘制步骤如下：

①以工程项目的网络计划为基础，计算各项工作的最早开始时间和最迟开始时间。

②确定各项工作在各单位时间的计划完成任务量，分别按以下两种情况考虑：

第一种：根据各项工作按最早开始时间安排的进度计划，确定各项工作在各单位时间的计划完成任务量。

第二种：根据各项工作按最迟开始时间安排的进度计划，确定各项工作在各单位时间的计划完成任务量。

③计算工程项目总任务量，即对所有工作在各单位时间的计划完成任务量进行累加求和。

④分别根据各项工作按最早开始时间、最迟开始时间安排的进度计划，确定工程项目在各单位时间的计划完成任务量，即将各项工作在某一单位时间的计划完成任务量进行求和。

⑤分别根据各项工作按最早开始时间、最迟开始时间安排的进度计划，确定不同时间累计计划完成的任务量或任务量的百分比。

⑥绘制香蕉曲线。分别根据各项工作按最早开始时间、最迟开始时间安排的进度计划确定的累计完成任务量或任务量的百分比描绘各点，并连接各点得到 ES 曲线和 LS 曲线，由 ES 曲线和 LS 曲线组成香蕉曲线。

在工程项目实施过程中，根据计划的实际累计完成任务量，按同样的方法在原计划香蕉曲线图上绘出实际进度曲线，便可以进行实际进度与计划进度的比较。

4.前锋线比较法

前锋线是指在原时标网络计划上，从检查时刻的时标点出发，用点画线，依次将各项工作实际进展位置点连接而成的折线。

前锋线比较法是通过绘制某个检查时刻工程项目实际进度前锋线，进行工程实际进度与计划进度比较的方法，它主要适用于时标网络计划。

采用前锋线比较法进行实际进度与计划进度的比较，其步骤如下：

（1）绘制时标网络计划图

工程项目实际进度前锋线是在时标网络计划图上标示的，为清晰起见，可在时标网络计划图的上方和下方各设一时间坐标。

（2）绘制实际进度前锋线

一般从时标网络计划图上方时间坐标的检查日期开始绘制，依次连接相邻工作的实际进展位置点，最后与时标网络计划图下方坐标的检查日期相连接。

工作实际进展位置点的标定方法有以下两种：

①按该工作已完成任务量比例进行标定。假设工程项目中各项工作均为匀速进展，根据实际进度，到检查时刻为止，该工作已完成任务量占其计划完成总任务量的比例，在工作箭线上从左至右按相同的比例标定其实际进展位置点。

②按尚需作业时间进行标定。当某些工作的持续时间难以按实物工程量来计算，而只能凭经验估算时，可以先估算从检查时刻到该工作全部完成尚需作业的时间，然后在该工作箭线上从右向左逆向标定实际进展位置点。

（3）进行实际进度与计划进度的比较

前锋线可以直观地反映检查日期的有关工作实际进度与计划进度之间的关系。对某项工作来说，其实际进度与计划进度之间的关系可能存在以下三种情况：

①工作实际进展位置点落在检查日期的左侧，表明该工作的实际进度拖后，拖后的时间为二者之差。

②工作实际进展位置点落在检查日期的右侧，表明该工作的实际进度超前，超前的时间为二者之差。

③工作实际进展位置点与检查日期重合，表明该工作的实际进度与计划进度一致。

以上比较是针对匀速进展的工作。对于非匀速进展的工作，比较方法较复杂，此处不做说明。

5.列表比较法

当工程进度计划用非时标网络图表示时，可以采用列表比较法进行实际进度与计划进度的比较。这种方法是记录检查日期应该进行的工作名称及其已经作业的时间，然后列表计算有关时间参数，并根据工作总时差进行实际进度与计划进度比较的方法。

采用列表比较法进行实际进度与计划进度的比较，其步骤如下：

（1）对于实际进度检查日期应该进行的工作，根据已经作业的时间，确定其尚需作业的时间。

（2）根据原进度计划计算检查日期应该进行的工作，以及从检查日期到原计划最迟完成时的尚余时间。

（3）计算工作尚有总时差，其值等于工作从检查日期到原计划最迟完成时间的尚余时间与该工作尚需作业时间之差。

比较实际进度与计划进度时可能会遇到以下情况：

（1）如果工作尚有总时差与原有总时差相等，说明该工作的实际进度与计划进度一致。

（2）如果工作尚有总时差大于原有总时差，说明该工作的实际进度超前，超前的时间为二者之差。

（3）如果工作尚有总时差小于原有总时差，且仍为非负值，说明该工作实际进度拖后，拖后的时间为二者之差，但不影响总工期。

（4）如果工作尚有总时差小于原有总时差，且为负值，说明该工作的实际进度拖后，拖后的时间为二者之差，此时，工作实际进度偏差将影响总工期。

（二）分析进度偏差对后续工作和总工期的影响

在工程项目实施过程中，通过实际进度与计划进度的比较发现，当有进度偏差时，需要分析该偏差对后续工作及总工期的影响，从而采取相应的调整措施，以确保工期目标的顺利实现。

进度偏差的大小及其所处的位置不同，对后续工作和总工期的影响程度也是不同的，在分析时，需要用网络计划中工作总时差和自由时差的概念进行判断，其分析步骤如下：

1.分析出现进度偏差的工作是否为关键工作

如果出现进度偏差的工作位于关键线路上，即该工作为关键工作，则无论其偏差有多大，都将对后续工作和总工期产生影响，必须采取相应的调整措施。如果出现偏差的工作是非关键工作，则需要根据进度偏差值与总时差、自由时差的关系做进一步分析。

2.分析进度偏差是否超过总时差

如果工作的进度偏差超过该工作的总时差，则此进度偏差必将影响其后续工作和总工期，必须采取相应的调整措施。如果工作的进度偏差未超过该工作的总时差，则此进度偏差不影响总工期。至于对后续工作的影响程度，还需要根据偏差值与其自由时差的关系做进一步分析。

3.分析进度偏差是否超过自由时差

如果工作的进度偏差大于该工作的自由时差，则此进度偏差将会对其后续工作产生影响，此时应根据后续工作的限制条件确定调整方法。如果工作的进度偏差未超过该工作的自由时差，此进度偏差则不会影响后续工作，原进度计划可以不进行调整。

（三）确定后续工作和总工期的限制条件

当出现的进度偏差影响后续工作或总工期而需要采取进度调整措施时，应当先确定可调整进度的范围，主要指关键节点、后续工作的限制条件，以及总工期允许变化的范围，这些限制条件往往与合同条件有关，需要认真分析后确定。

（四）采取措施调整进度计划

采取的进度调整措施，应该以后续工作和总工期的限制条件为依据，确保进度目标的顺利实现。

（五）实施调整后的进度计划

在进度计划调整后，应采取相应的组织、经济、技术措施，并持续监测其执行情况。

第四节　项目进度管理的总结

大量工程实践证明，切实有效的进度控制能够帮助管理者准确掌握项目建设所需的时间及各项资源，有利于管理者在项目的实施过程中合理地编制施工进度计划并进行资源调配，进而加快施工进度、降低工程成本。在项目进度的控制中，应该把握以下几点：

一、项目进度管理的核心问题

改革开放以来，我国经济飞速发展，机械制造技术不断增强，设备国产化进程加快。经济的发展和设备制造成本的降低，使得设备的购置和投入已经不是现代公路工程施工进度管理的核心问题。特别是进入 21 世纪以后，随着工程设计与施工技术的进步，现代公路工程的规模变得越来越庞大，不但要投入大量的人力资源和机械设备，而且有大量施工材料的生产、运输、贮存和供应工作，人、财、物等各种生产要素统一协调发挥效用的难度与日俱增，稍有不慎，就有可能出现因窝工、停工而影响整个工程施工的顺利进行。因此，在现代公路工程项目施工中，对人的管理成为工程进度管理的核心问题。

二、多目标综合管理

在项目的具体管理实施过程中，需要在精确分析进度、安全、质量、成本之间的逻辑关系以及相互影响的基础上，研究在安全、质量、成本约束下如何进行进度优化，以便在项目管理过程中实现进度目标、安全目标、质量目标、成本目标的综合优化。根据各项任务目标的要求，精心规划、科学组织、合理安排，对任务目标进行具体分解，并细化到每天、每人，具体落实到每个施工队伍。因此，管理者应全过程、全面参与进度控制，每月（周）按时检查施工任务的完成情况，并对检查中存在的实际问题进行分析、研究，及时找到解决方法并具体落实，以实现各项分期目标。

三、项目进度计划的合理编制和实施

在施工过程中，项目经理部应根据项目总体进度计划编制月进度计划。为了确保计划的实施，应坚持召开工程例会，每月月底检查现场施工进展状态，并且将其与计划进度进行比较，进行施工总结。对没能按时完成的施工任务，分析其影响进度的关键因素，并制定切实可行的调整措施。此外，还应加大施工现场的调度与管控力度，加大人员、机械设备、物资材料的调配及供应力度，保证施工活动的有序进行。

同时，承包商应根据现场提供的每月施工进度记录，及时进行统计和标识，通过分析和整理，每月向总监理工程师及其代表、业主提交一份每月工程进度报告。在施工进度计划完成后，项目经理部应根据施工进度计划、实际记录、检查结果、调整资料，及时对施工进度控制中存在的问题及解决措施进行分析和总结。

四、提高项目进度控制的信息化

在进度控制过程中，应当将工作信息流程与网络技术相结合，使工程项目进度控制高效率进行。此外，有些软件可以实现工程项目进度的可视化，控制或演示工程形象进度和实体结构的完工情况，使项目参与者更加深入地了解工程的施工状态。

　　在我国，在许多大型工程项目实践中使用了相关专业软件对项目要素进行科学的控制管理，效果很好，但也有很多项目在进度管理中没有充分应用相关的项目管理软件，使得管理效率低下。因此，项目进度的信息化管理工作有待进一步改进和完善。

第四章 路基的养护管理

第一节 路基养护与维修的工作内容及基本要求

一、路基养护与维修的工作内容

路基的强度和稳定性直接影响路面的平整度和强度，是保证路面稳定的基本条件，因此必须保持路基土密实、排水性良好，各部分尺寸和坡度符合要求，及时消除不稳定因素。

路基养护维修措施的评价内容和标准如下：

①路基各部分保持完整，尺寸符合规定的要求，不损坏变形，经常处于完好状态。

②路肩无坑洼、缺口，无隆起、沉陷等现象；横坡适度，边缘顺适，表面平整，接茬平顺。

③边坡稳定、牢固、平顺，无冲沟，坡度符合规定。

④边沟、排水沟、截水沟、跌水井、泄水槽等排水设施不淤塞、无蒿草；纵坡符合要求，排水畅通，进出口维护完好；保证路基、路面及边沟无积水。

⑤挡土墙、护坡及其他防雪、防沙设施等保持完好、无损坏，泄水孔无堵塞。

⑥做好翻浆、塌方、山体滑坡、泥石流等预防、治理和抢修，缩短阻车时间。

二、路基养护与维修的基本要求

为保证路基各部分完整，使路基满足上述各种基本要求，进而正常发挥作用，路基养护与维修工作必须符合下列基本要求：

①路肩应无坑槽、积水、堆积物，边缘应直顺、平整。

②土质边坡应平整、坚实、稳定，坡度应符合设计规定。

③挡土墙及护坡应完好，泄水孔应畅通。

④边沟、明沟、截水沟等排水设施坡度应顺适，无杂草，排水应畅通。

⑤对翻浆路段，应及时进行养护处理。

第二节　路基工程的日常养护与维修

一、路肩的养护与维修

（一）路肩的作用

路肩是位于行车道外缘至路基边缘、具有一定宽度的带状结构部分，包括硬路肩和土路肩。

路肩的主要作用如下：

①保证行车道等主要结构的稳定。

②为发生机械故障或遇到紧急情况的车辆临时停车提供位置。

③提供侧向余宽，有利于提高安全系数，增加舒适感。

④可供行人、自行车通行。

⑤为设置路上设施提供位置。

⑥作为养护操作的工作场地。

⑦在不损坏公路构造的前提下，可为埋设地下设施提供位置。

⑧改善挖方路段的弯道视距，提高交通安全性。

⑨使雨水能够在远离行车道的位置排放，减少行车道雨水渗透情况，减少路面损坏。

（二）养护要求

①路肩应保持干净、清洁、无杂物。

②路肩的横坡应平整、顺适，与路面横坡保持一致。

③路肩的宽度应符合《公路工程技术标准》（JTG B01—2020）的规定。

④路肩上严禁堆放任何杂物，改善工程及修补路肩坑槽所需的砂石材料如需堆放在路肩上，应选择在较宽的路段顺一边堆放，但在桥头引道、弯道内侧及陡坡等处不得堆放。料堆内边离路面边缘应至少 30 cm，每隔 10～20 m 必须留出不小于 1 m 的空隙，以方便排水。

（三）日常养护维修

①路肩清扫。路肩清扫包括机械清扫和人工清扫，在进行路面清扫、保洁时，必须同时对硬路肩进行清扫和人工保洁；雨后路肩如有积水，应及时排除。

②护栏、路肩边缘的杂草修剪、清理。应经常进行护栏、路肩边缘的杂草修剪、清理工作，主要清理路面与硬路肩接缝、硬路肩与土路肩接缝、硬路肩与桥台搭板接缝间之的杂草。杂草清理后，应及时用 M7.5 砂浆或沥青灌缝料进行填筑、灌注，防止雨水渗入。

③灌注路肩与路面边缘产生裂缝。清理裂缝，保持裂缝干净无杂质，用 M7.5 砂浆或沥青灌缝料灌注裂缝，防止雨水渗入。

④硬路肩病害的维修。如果硬路肩出现病害，应尽快组织维修。高速公路路肩应根据设计要求，铺设沥青混凝土或水泥混凝土面层，并铺筑路肩边缘带，此时，路肩的养护工作将转变成同类型路面的养护工作。

⑤路肩积水的处理。路肩松软，多数是受到水的影响，所以路肩的养护与维修工作重点是减少或消除水对路肩的危害。路面范围的地表水通过路肩排出，因此必须经常使路肩的横坡保持平整、顺适。高速公路路肩与路面横坡相同。当路肩过高妨碍路面排水时，应刨铣整平，使其达到规定要求。

二、边坡的养护与维修

（一）养护要求

①边坡坡面应保持平顺、坚实、无裂缝。

②经常注意观察路堑高边坡，发现问题并及时予以处理。

③及时清理边坡滑塌部分，避免造成路面、边沟堵塞。

④对边坡加固的各种设施应经常检查、维护，以保证其性能良好。

⑤严禁在边坡上及路堤坡脚、护坡道上挖土取料、种植农作物或修建其他建筑物。

⑥当土质边坡出现裂缝时，可用黏性土填塞捣实，以防止表层水渗入路基体内。如出现潜流涌水，可开沟截断水源，将潜水引向路基外排出。

⑦在填筑土质路堤边坡时，应将坡面挖成阶梯形，然后分层填筑夯实，并使其与原坡面平顺衔接。

（二）日常养护维修

1.边坡清理、修整

（1）边坡清理工作包括捡拾边坡的可视垃圾、修剪路堑边坡上的高大树木等。

（2）边坡垃圾的清理工作应经常进行，清理的垃圾应集中收集并运往指定地点，禁止焚烧。

（3）路堑边坡上的高大树木因雨水冲刷、台风等，会倾倒在路面上，影响行车安全，应根据实际情况及时砍伐，在砍伐时，可只砍伐树干，保留树根。如因大树倾倒或被砍伐而导致边坡上形成空洞，应及时培土夯实并植草。

（4）人工铲平高出路堑边坡的土体，并使其与周围的边坡坡度相协调，铲平后喷洒草籽或铺草皮进行绿化。

2.边坡裂缝的修补

（1）当路基上边坡、碎落台、坡顶、坡脚等出现宽度小于 0.5 m 的裂缝时，应及时用土填塞，可采用钢钎等细长工具分次填塞。

（2）当路基上边坡、碎落台、坡顶、坡脚等出现的裂缝超过 0.5 m 时，应及时进行处理，以防雨水渗入。在处理时，先沿裂缝挖宽、挖深，宽度以利于人工、机械操作为限，深度以挖到看不见裂缝为止。如裂缝较深，则至少挖深 1.0 m，开挖的沟槽应是坚实、平整的。在回填时，需采用黏土分层夯实，每层的松铺厚度不超过 25 cm，并将顶部做成鱼背形。

第三节　路基变形的养护与维修

一、针对崩塌的养护与维修

（一）公路崩塌的内涵及类型

1.公路崩塌的内涵

公路崩塌是指公路边坡土体或岩体在重力的作用下，突然崩落、倾倒或坠落的现象。过程表现为岩块或土体顺坡猛烈地翻滚、跳跃，并相互撞击，最后形成倒石堆。根据块体大小，这一过程可分为崩塌、落石、碎落；根据崩塌的物质组成，可划分为土质崩塌和岩质崩塌；按照崩塌规模的大小，还可以分为小型崩塌、中型崩塌、大型崩塌和特大型崩塌。

公路崩塌的形成条件如下：

（1）地形地貌条件。越是陡峻的边坡，就越容易发生崩塌。一般大于 45°的高陡斜坡、孤立山嘴或凹形陡坡地形易发生崩塌。

（2）地层岩性条件。坚硬的岩石易形成高陡边坡，比较软弱的岩石更易发生崩塌。

（3）地质构造条件。当路线的走向和边坡构造线走向平行时，易发生崩塌，边坡岩石节理、裂隙越发育就越容易发生崩塌。

公路崩塌的影响因素有以下几点：

（1）地震。地震的强烈震动会使岩体崩塌。

（2）降雨和地下水。由于水的渗入，坡体产生孔隙水压力而发生崩塌。

（3）风化作用。风化越严重，节理裂隙就越大，岩体就越容易破碎而发生崩塌。

（4）植物根系作用会导致崩塌的发生。

（5）开挖坡脚、爆破等人为活动也会改变坡体原来的平衡状态，从而导致崩塌。

公路崩塌灾害是指由于公路崩塌而引起的公路设施的严重破坏，如毁坏路面、掩埋公路、砸坏车辆，甚至是中断交通。公路崩塌灾害一旦发生，需要采取工程治理措施才能恢复。它不同于公路病害，公路病害主要是指公路设施损坏，如翻浆、路面开裂、坡面侵蚀等，其规模小、造成的经济损失小，可以通过日常养护来处理。

2.公路崩塌的类型

公路边坡崩塌是较常见的病害，危害严重，且经常阻断交通。崩塌是岩体突然而猛烈地从陡峻的斜坡上崩离、翻滚跳跃而下的现象。崩塌可以发生在高峻的自然山坡上，也可以发生在高陡的人工路堑边坡上。发生崩塌的物体一般为岩石，但某些土坡也会发生崩塌。

崩塌的规模有大有小，由于岩体风化、破碎比较严重，边坡上经常有小块岩体坠落，这种现象被称为碎落；一些较大岩块的零星崩落称为落石；规模巨大的崩塌也称山崩。

崩塌与滑坡的明显区别是：崩塌骤然发生，破坏体散开，并有倾倒、翻滚现象；滑坡体一般总是沿着固定滑动面整体地、缓慢地向下滑动。

公路路堑开挖过深，边坡过陡，或因切坡而暴露软弱的结构面，都会使边坡上的岩体失去支撑，在水流冲刷或地震作用下引起崩塌。

崩塌按形成机理，可划分为以下三类：

（1）滑移式崩塌

滑移式崩塌的形成机理是崩塌先沿已有的层面或其他结构面产生滑移，一旦崩塌体重心滑出坡外，这类崩塌就会发生。

（2）倾倒式崩塌

倾倒式崩塌的形体多是柱状和板状岩体，其形成机理是岩体在失稳时绕根部发生转动性倾倒，一旦岩体重心移到坡外，岩体就会突然崩塌。此类不稳定岩体在强烈震动下或者遭遇长时间暴雨时，容易失稳，导致发生倾倒式崩塌。

（3）错断式崩塌

错断式崩塌多为直立柱状或板状岩体，在失稳时没有发生倾倒，而是在自重作用下，其下部与稳定岩体没完全断开的部分可能发生错断。不稳定岩体是否会发生崩塌，关键在于没有断开的部分在自重作用下的最大剪应力是否大于岩石容许的抗剪强度，一旦最大剪应力大于岩石容许的抗剪强度，错断式崩塌就会突然发生。长期风化作用、强烈的振动、特大暴雨的动静水压力都会促使和诱发这类崩塌的发生。

（二）有关公路崩塌的养护与维修

防治崩塌的措施主要有以下五种：

①路基上方的危岩及危石应及时清除，在雨季前要细致检查。如有威胁行车安全的路段，可根据地形和岩层情况，采用嵌补、支顶的方法进行加固。

②在小型崩塌或落石地段，应尽量采取全部清除的方法；在基岩破坏严重以及崩塌、落石物质来源丰富的地段，则宜修建落石平台、落石槽等拦截结构物。

③对于因存在软弱结构面而易引起崩塌的高边坡，可根据情况，采用修建支挡墙或支护墙等措施，以支撑边坡，防止软弱结构面张开或扩大。

④对于边坡坡脚因受河水冲刷而易发生崩塌的地段，要在河岸做好防护工程。

⑤对于可能发生崩塌的地段，必须做好地面排水措施。

二、针对滑坡的养护与维修

（一）公路滑坡的类型及成因

1.公路滑坡的类型

公路滑坡可根据滑坡的物质组成、性质、特征、滑动形式、滑坡体积、滑动面埋藏深度、发生时间等进行分类。滑坡根据主要物质组成，可分为土质滑坡和岩质滑坡；根据滑坡体积，可分为小型滑坡、中型滑坡、大型滑坡、巨型滑坡；根据滑动面埋藏深度，可分为浅层滑坡、中层滑坡、厚层滑坡；根据滑动力学特征，可分为推移式滑坡、牵引式滑坡；根据发生时间，可分为新滑坡、旧滑坡和古滑坡。

2.公路滑坡的成因

公路滑坡是众多内外因素综合作用的结果，其内在影响因素包括地质构造、地形地貌特征、岩土物理力学性质，外在因素包括气象水文条件、工程建设活动、人类挖采活动等。

（二）有关公路滑坡的养护与维修

滑坡的类型很多，且成因复杂，在处理滑坡问题时，要针对不同情况，采取不同的措施。公路上的滑坡多发生于路基边坡，这是因为修筑公路破坏了地貌的自然平衡状态。因此，对于公路滑坡的养护与管理措施，应以排水疏导为主，再辅以上部减重措施，维持边坡平衡。

公路滑坡的养护与维修措施主要有以下几种：

1.地面排水

对于滑坡体以外的地面水，应拦截引离；对于滑坡体上的地面水，要注意防渗并尽快将其集中引出。

各种地面排水措施的适用条件、布置及设计施工原则见表4-1。

表 4-1　滑坡体的排水措施

名称	适用条件	布置及设计施工原则
环形截水沟	滑体外	截水沟应设在滑坡可能发展的边界 5 m 以外，根据需要，可以设置数条截水沟，以分段拦截地表水，使地表水向一侧或两侧的自然沟系排出。在坡度陡于 1：1 的山坡上，常采用陡坡排水槽来拦截山坡上方的坡面径流。沟槽断面以满足排泄坡面径流为准，如土质渗水性强，应采用黏性土、石灰三合土或浆砌片石铺砌防渗层
树枝状排水系统	滑体内	结合地形条件，充分利用自然沟系的排水功能，使水汇集并引导坡面径流于滑坡体外排出，排水沟布置应尽量横切滑坡，主沟宜与滑移方向一致，支沟与主沟斜交30°～45°。如土质松软，可将土夯成沟形，上铺黏性土或石灰三合土加固。当通过裂缝处时，可采用搭叠式木质水槽或陶管、混凝土槽、钢筋混凝土槽，以防山坡变形而拉断水沟，使坡面水集中下渗
明沟与渗沟相配合的引水工程	滑体内的泉水或湿地	目的在于排除山坡上层滞水和疏干边坡土体含水，埋入地下部分类似集中渗沟，露出地面部分是排水明沟
平整夯实的自然山坡坡面	滑体内	如山坡土质疏松，坡面水易于阻滞下渗，应整平、夯实坡面，填塞裂缝，防止坡面径流汇集下渗

名称	适用条件	布置及设计施工原则
绿化工程 （植树、铺种草皮）	山坡滑体内	绿化工程是配合表面排水的一项有效措施，对于渗水严重的黏性土滑坡和浅层滑坡，效果尤其显著。在滑坡面种植灌木及阔叶果树，可疏干滑坡体内的水分，利用植物根系可加固坡面土层。铺种草皮可滞缓坡面径流流速，防止冲刷，减少下渗，避免坡面泥土堵塞沟槽

2.地下排水

在排除滑坡体的地下水的工程措施中，应用较多的渗沟有以下三种：

（1）支撑渗沟。其作用是支撑不稳定的滑坡体，同时起到排除和疏干滑坡体内地下水的作用，适用深度（高度）为 2～10 m。

支撑渗沟有主干和分支两种。主干平行于滑动方向，布置在地下水露头处或土中水形成坍塌的地方，支沟应根据坡面汇水情况合理布置，可与滑坡移动方向呈 30°～45°交角，并可伸展到滑坡范围以外，以起到拦截地下水的作用。

（2）边坡渗沟。当滑坡前缘的路基边坡有地下水均匀分布或坡面大片潮湿时，可修建边坡渗沟，以疏干和支撑边坡，同时也能起到截阻坡面径流和降低坡面冲刷力度的作用。

边坡渗沟的平面形式包括垂直、分支和拱形等。分支渗沟的主沟主要起支撑作用，而支沟则起疏干作用。分支渗沟可以互相连接成网状。

（3）截水渗沟。当有丰富的深层地下水进入滑坡体时，可在垂直地下水流的方向上设置截水渗沟，以拦截地下水，并将其排出滑坡体外。

3.减重

减重既可以作为应急措施，又可以作为永久治理措施。对临界滑动的滑坡，上部减重可减小下滑力，使滑坡处于相对稳定状态，为勘察、设计、施工争取时间。对正在滑动的滑坡，减重减小下滑力，可减少支挡工程数量，节省投资，也为施工安全创造条件。对于主滑面倾角较陡（大于20°）的滑坡和错落型滑坡，减重的效果更为明显。

4.支挡工程

支挡工程分为以下三类：

（1）抗滑垛。一般用于滑体不大、自然坡度平缓、滑动面位于路基附近或坡脚下部较前处的滑坡。

（2）抗滑挡土墙。在滑坡下部修建抗滑挡土墙，是整治滑坡常用的有效措施之一。对于大型滑坡，常将抗滑挡土墙作为排水、减重等综合措施的一部分；在中小型滑坡的治理中，常将抗滑挡土墙与支撑渗沟联合起来使用。其优点是山体破坏少，稳定滑坡收效快。抗滑挡土墙多采用重力式结构，其尺寸经计算确定。

（3）抗滑桩。抗滑桩是一种用桩的支撑作用稳定滑坡的有效抗滑措施，一般适用于非塑性体层和中厚度滑坡前缘，以及使用重力式支撑建筑物与工量过大、施工困难的场合。

第四节　路基排水设施的养护与维修

一、公路排水设施的重要性

水对公路建设中的路基工程影响非常大，在路基填筑与压实中，只有当路基中的水分达到或者接近最佳含水量时，才能获得最佳的密实度；如果渗入路基的水分过多，就会危害路基，从而产生很多病害，如路基翻浆、路基沉陷、护坡垮塌等。历数路基的各种病害，发现就其规模、范围、成因、类型等而言，水往往是最主要的决定因素之一，可见公路排水设施的重要性。

设置排水设施的目的是排除路界内的地表径流，并将公路上侧方的地表水和地下水引排到公路的下侧方，避免公路路基和路面结构遭受地表水和地下水的浸湿、冲刷等破坏作用。

二、公路排水设施的作用和类别

（一）公路排水设施的作用

①就路基工作区而言，排水设施能够将路基的含水量降到适度范围，因为路基含水量过大会引起土质松软、强度降低、边坡坍塌、路基沉陷或滑动，以及冻害等问题。

②就路面工作区而言，排水设施能够排除高速公路路面的积水。如果排水不畅，高速公路路面就会形成水膜，抗滑性能就会降低，进而增加行车的危险性，容易造成交通事故。

③综合来看，应用排水设施，有利于做好地表水、地下水和路面水的排除工作，即做好路基与路面排水工程，以确保路基具有足够的强度及稳定性，从而确保行车的安全。

（二）公路排水设施的类别

根据高速公路排水设施所处的位置和功能，可将其分为路面排水设施和路基排水设施。路面排水设施由路肩排水设施和中央分隔带排水设施组成。路基排水设施分为地表排水设施和地下排水设施。地表排水设施由边沟、截水沟、排水沟等组成。地下排水设施由渗沟、明沟和槽沟、渗井等组成。

系统地了解高速公路排水设施的重要性和功能分类，有利于应用先进的技术与管理措施对公路进行维修养护，保障其发挥最大的作用。

三、公路排水设施养护与维修对策

在春融前，特别是汛期前，应对各种排水设施进行全面检查、疏通。在雨天，必须上路巡查，及时排除堵塞现象，保持水流畅通，防止水流冲坏路基。暴雨后，应重点检查有无冲刷、损坏等现象，对于出现问题的地方，要及时进行修复、加固；如有堵塞，应及时清除。

要经常检查暗沟，如发现淤泥，应冲洗清除。特别是在雨水多的季节，应保持暗沟的流水通畅。如发现渗沟洞口被堵塞，应及时进行冲洗和清理；如发现碎石层淤塞不通，应进行翻修，并剔除颗粒较小的砂石；如发现暗沟位置不当，应根据情况另行修建。

在排水沟渠的加固措施方面，应结合当地地形、地质、纵坡和流速条件来确定，因地制宜，就地取材，且应简便易行、经济实用。

（一）增设排水设施

1.增设边沟

（1）边沟应按图纸规定施工，并应符合现场的地质、地形条件，对于边沟与涵洞接合处，应与涵洞洞口建筑配合，以便水流通畅进入涵洞。

（2）在对平曲线处边沟施工时，沟底纵坡应与曲线前后沟底纵坡平顺衔接，不允许曲线内侧有积水或外溢现象发生。曲线外侧边沟应适当加深，其增加值等于超高值，但曲线在坡顶时可不加深边沟。

边沟的尺寸应符合规定。对于土质地段而言，当沟底纵坡大于3%时，边沟必须采取加固措施。当采用干砌片石对边沟进行铺砌时，应选用有平整面的片石，用小石子紧密填塞各砌缝；当采用浆砌片石铺砌时，应保证砌缝砂浆饱满、沟身不漏水；若对沟底采用抹面防护，应保证抹面平整、压光。

2.增设截水沟

（1）截水沟应按规定施工。截水沟的位置：在无弃土的情况下，截水沟的边缘与挖方路基坡顶的距离视土质而定，以不影响边坡稳定为原则。若是一般土质，则至少应距离坡顶5m。对于截水沟挖出的土，应及时进行平整、夯实处理，使沟两侧形成平顺的斜面。当路基上方有弃土堆时，截水沟应距离弃土堆坡脚1～5m，弃土堆坡脚距离路基挖方顶不应小于10m，弃土堆顶部应设倾斜角度为2%的截水沟横坡。

（2）山坡上路堤的截水沟应至少距离路堤坡脚2m，并用挖截水沟的土填于路堤与截水沟之间，修筑向沟倾斜角度为2%的护坡道或土台，使路堤内侧地面水流入截水沟排出。

（3）当截水沟的长度超过250m时，应在适当地点设出水口，将水引至山坡侧的自然沟中或桥涵进水口；截水沟必须有牢靠的出水口，在必要时，要设置排水沟、跌水槽或急流槽；截水沟的出水口必须与其他排水设施平顺衔接。

（4）为防止水流下渗和冲刷，应对截水沟进行严密的防渗和加固处理。对于地质不良地段和土质松软、透水性较大或裂隙较多的岩石路段，以及沟底纵坡较大的土质截水沟或截水沟的出水口等，均应采取加固措施，防止渗漏，防止水流冲刷沟底及沟壁。

3.增设排水沟

（1）排水沟的线形要求平顺，尽可能采用直线形，宜将转弯处做成弧形，且半径不宜小于 10 m。排水沟长度根据实际需要而定，通常不超过 500 m。

（2）在对排水沟沿路线布设时，应尽可能离路基远一些，距路基坡脚不宜小于 3 m。

（3）当排水沟、截水沟、边沟因纵坡过大而导致水流速度大于沟底、沟壁土的容许冲刷流速时，应采取边沟表面加固措施。

4.增设跌水槽与急流槽

（1）跌水槽与急流槽必须采用浆砌圬工结构。跌水的台阶高度可根据地形、地质等条件决定，有多级台阶的，各级高度可以不同，其高度与长度之比应与原地面坡度相适应。

（2）对于急流槽的纵坡，应按规定进行施工，一般不宜超过 1∶1.5，同时应与天然地面坡度相配合。对于较长的急流槽，在其槽底可设几个纵坡，一般是上段较陡、下段逐渐放缓。

（3）当急流槽较长时，应分段砌筑，每段不宜超过 10 m，接头用防水材料填塞，做到密实、无空隙。

（4）对于急流槽的砌筑，应使自然水流与涵洞进出口之间形成一个过渡段，为保证槽体结构稳定，槽底基础应嵌入地面以下并做成台阶形，防止槽底沿斜坡滑移，台阶的宽度一般为 1.5～2.5 m。对于路堤边坡急流槽的修筑，应能为水流入排水沟提供一个顺畅的通道，路缘石开口及流水进入路堤边坡急流槽的过渡段应连接圆顺，如采用喇叭口接入。

（5）对于边沟、急流槽接入涵洞进口处，应加设消力池，当急流槽水流量大且流速较快时，为防止水溅到路基上，宜在急流槽下部的槽口上加设盖板。

（二）排水设施的加固

1.土沟表面夯实

（1）适用范围

①一般适用于土质边沟和排水沟，不适用于堑顶截水沟或堑顶排水沟。

②沟内水流平均流速不大于 0.8 m/s。

③沟底纵坡不大于表 4-2 所列的数值。

表 4-2 沟底纵坡

边坡坡率/1：m	1：1		
断面 B×H/m²	0.4×0.4	0.4×0.6	0.6×0.6
纵坡/%	1.5	0.7	0.6

（2）施工

①在开挖水沟时，沟底及沟壁部分均应少挖 0.05 m。

②将沟底、沟壁夯拍密实，使土的干密度不小于 $1.66×10^3$ kg/m³、土层厚度不小于 0.05 m。

③在开挖沟渠时，应边开挖边夯实，以免土中水分消失，不易夯拍坚实。

④在施工中，如发现沟底、沟壁有洞穴，应用原土补填夯实。

2.用三合土或四合土捶面的方法加固

（1）适用范围

①一般适用于无冻害及无地下水段的水沟。

②沟内水流平均流速应为 1.0～2.5 m/s。

③对常流水的水沟加固表面，可加抹 1 cm 厚的 M7.5 水泥砂浆。

④混合土厚 0.1～0.25 m，视沟内平均流速或沟底纵坡大小而定。

（2）材料的配合比

①三合土。水泥：砂：炉渣 ＝1：5：1.5（质量比）；在无炉渣的地区，可试用石灰：黄土：卵（碎）石 ＝1：3.3：2.3（体积比）。

②四合土。水泥：石灰：砂：炉渣 ＝1：3：6：24（质量比）。

③水泥可采用低强度等级的；炉渣须经高温烧化且含碳量不超过 5%，其粒径不超过 5 mm。

（3）施工

①在施工前两周，将石灰水化；在使用前 1～3 天，将黄土或炉渣掺入拌匀；在使用时，将卵（碎）石或水泥及砂反复拌和均匀。

②在沟渠开挖后，趁土质潮湿时立即加固。如土质干燥，则宜洒水湿润后再加固。

③在沟渠铺混合土前，应将沟底及沟壁表面夯拍平整，然后安装模板，以保证加固厚度一致。

④当沟渠铺混合土后，应拍打提浆，然后再抹水泥砂浆护层。待稍干后，用大卵石将表面压紧、磨光。然后用麻袋或草席覆盖，并洒水养护 3～5 天。

⑤施工季节以春秋季为宜，不宜在冬季，以免混合土尚未干燥即发生冻胀。

⑥在养护时，如发现裂缝或表面剥落，应及时修补。

3.单层干砌片石加固

（1）适用范围

①一般用于无防渗要求的沟渠加固地段。

②一般土夹砂卵石、软石、风化严重的岩石沟渠纵坡在 5%以上、水流流速在 2 m/s 以上时，必须加固。对于沙土地段，纵坡不小于 1%的，即需加固。

③当沟内水流平均流速为 2.0～3.5 m/s 时，干砌片石可采用 0.15～0.25 m 的。当水流流速在 4 m/s 以上时，应加设急流槽或跌水槽。

④当沟壁、沟底为细粒土时，应加设卵石、（碎）砾石垫层，其厚度根据水流平均流速及土质情况，选用 0.10～0.15 m 的。

（2）施工

①垫层石料以粒径为 5～50 mm 者占 90%（质量比）以上为宜。

②片石间空隙应用碎石填塞紧密，片石大面应砌向表面，以减少面部粗糙程度。

4.单层浆砌卵石加固

（1）适用条件

①一般用于无严格防渗要求，且容许水流流速在 2.0～2.5 m/s 的防冲沟渠加固地段。

②所用卵石的尺寸与容许流速的大致关系见表 4-3。

表 4-3　卵石尺寸与容许流速关系

卵石直径/cm	0.15	0.20
流速/（m/s）	2.0	2.5

③当沟壁、沟底为细颗粒时，应加设砾石垫层，其厚度视容许水流流速及土质情况而定。

（2）施工

①垫层可采用平均粒径为 2～4 mm 的干净沙砾，其含土量应在 5%以下。

②一般应先砌沟底，后砌沟壁。沟底选用好的大卵石，坡脚两行尤应注意选料砌牢。在砌筑时，可自下而上选用较小的卵石，最上一层则用较长卵石平放封顶、压牢。

③所用卵石均应浆砌，大头朝下，每行卵石需大小均匀，两排之间保持错缝。

④对于卵石下部及卵石之间的空隙，均应用小石子填塞紧密。

5.浆砌片石加固

（1）使用条件

①一般用于沟内水流速度较大且防渗要求较高的地方。

②在有地下水及冻害的地段，沟壁、沟底外侧应加设反滤层（或垫层），并在沟壁上预留泄水孔。

（2）施工

①沟渠开挖后应整平、夯实，如土质干燥，应洒水湿润，遇有洞穴，应堵塞、夯实。

②水泥砂浆随砌随拌，当砌筑完之后，注意养护。

6.混凝土预制板加固

（1）适用条件

①一般缺少沙、石地段，用混凝土预制板施工较方便。

②填方地段采用混凝土预制板，比安装模板现浇混凝土更为合适。

③垫层可用沙砾材料或含石灰剂量为8%的石灰土，拍打坚实、平整。

④混凝土预制板的厚度为 5～10 cm，无冻胀破坏地区可采用 4～8 cm。

⑤混凝土预制板一般采用 C15 混凝土制成。

⑥流量与衬砌厚度的关系见表4-4，供参考。

表 4-4　流量与衬砌厚度关系表

基础及其他条件	流量/（m³/s）	板厚/cm	备注
砾石、风化石，无浮托力	<2	5～6	3～4 cm 厚的混凝土衬砌渠道，一般采用压力喷射施工
	>2	4～10	
密实的沙土挖方渠道，无浮托力	<2	4～8	需要砾石垫层
	>2	6～12	

基础及其他条件	流量/（m³/s）	板厚/cm	备注
黄土、普通土、冲积土、细沙粒的填方渠道	<2	6～10	需要垫层和排水设备，对于黏性土地段，应采取防冻胀措施。无冻胀，不加垫层
	>2	8～12	

（2）伸缩缝

①基于温度变化会引起混凝土板的伸缩以及基础的不均匀沉陷等，需设置伸缩缝，纵向缝一般设在边坡与沟底连接处；当沟底宽度超过 6 m 时，可在渠底中部设置纵缝。

②当混凝土预制板采用 M5 水泥砂浆砌缝时，横向缝间距与现浇混凝土板相同，其参考值见表 4-5。

表 4-5　横向缝间距

加固板厚度/cm	伸缩缝间距/m
5～7	2.5～3.5
8～9	3.5～4.0
<10	4.0～5.0

③采用预制板加固时，沟底与边坡的伸缩缝间距应一致。

④伸缩缝宽取决于伸缩缝间距、湿度变幅、干缩系数、线膨胀系数、填料伸缩性能、黏结力、施工要求等，一般为 1～4 cm。

⑤伸缩缝填料的性能是决定衬砌效果和使用寿命的主要因素，要求高温不流淌，低温不冻裂、剥落；伸胀时不挤出，收缩时不裂缝，黏结力强；负温下仍能黏着不脱离，耐久性好。目前采用的填料有沥青混合料、聚氯乙烯胶泥和沥青油毡板等。

（3）防冻胀措施

在地下水位高、天气寒冷、受冻胀影响的地区，沟渠混凝土板的平整度会受到影响，沙砾垫层的厚度可按最大冻深的 70%考虑。

（4）施工与养护中的注意事项

①加固板的接缝除按照操作规程选料和施工外，在沟渠的使用中，还应密切注意接缝料，如有脱落或裂隙，应随时修补，在修补时，应将原接缝料清理干净。

②发现混凝土板损坏，应及时更换。

第五节　特殊地区路基的养护

一、黄土地区路基工程的养护

黄土在我国分布较广，湿陷性黄土孔隙大、粉粒含量高，易被冲刷、溶蚀，土壤密度及含水量小，主要呈黄色及褐黄色。在干燥情况下，这类黄土强度较高，但被雨水浸湿后，其强度会快速下降，严重影响路基安全，尤其是处于湿陷性黄土地区的山区厂矿公路，其地理环境复杂，行驶车辆载重较大，若未做好路基防护工作，很容易发生路基病害问题，严重影响车辆行驶安全，其中以黄土高原的黄土沉积最为典型。

（一）病害的种类

黄土是第四纪的一种特殊堆积物，其主要特征是颜色以黄色为主，有灰黄、褐黄等颜色，粉粒含量一般在 55% 以上，在公路路基土分类中为特殊土，在塑性图上属于低液限黏土。黄土具有肉眼可见的大孔隙，孔隙比在 1 左右，无层理，垂直节理发育，具有湿陷性和易溶性，一旦遇水，其天然结构会很容易发生崩解破坏，轻则导致路基沉陷，重则导致边坡塌陷，继而导致路基路面破坏，甚至导致交通中断。路基病害主要有路基沉陷、路基翻浆、排水设施破坏、边坡坍塌、水毁冲沟等。

（二）成因分析

结合养护经验分析，形成病害的原因主要有以下几种：

1.黄土自身的原因

由于黄土具有湿陷性，一旦遇水，其天然结构就会发生破坏，形成沉陷或陷穴、边坡塌陷、路基沉陷等路基病害。

2.设计方面的原因

在设计方面，主要是排水系统设计得不完善。

3.排水构造物的原因

在修建公路时，设计的边沟、排水沟、急流槽等排水设施大多数都是用浆砌片石或混凝土建造的，这些排水设施施工后，地基会发生沉降，导致排水设施发生变形，一旦下雨，雨水从伸缩缝下渗，逐渐使边沟地基形成陷穴，导致边沟塌陷破坏，从而造成路基破坏。

4.养护中的原因

养护中的原因主要有以下几个方面：

一是养护不及时，对于一次因降雨而形成的小病害，没有及时发现并处理，导致再次降雨后病害加重。

二是养护投入不足，对于一些病害，如果彻底处理，有时需要投入的资金较多，而日常养护中的资金有限，缺口较大，对于一些病害的处理，只好头痛医头、脚痛医脚，导致病害反复发生。

三是养护中的一些处理措施不合理，导致无法对病害彻底清除。

（三）养护与维修对策

近几年，在公路养护维修中，针对不同的病害采用不同的措施进行处理，取得了一定成效，逐渐形成了一套行之有效的办法。下面针对具体的病害处理方法，做一些简单的论述：

1.路基沉陷

对于填方路基沉陷，应加强养护调查，查明原因，采取不同的处置方法。对于一些因低矮路基沉降而形成的沉陷，应采取回填、加厚路面等方法一次性处理。对于较高的填方路基，根据路基工作区深度，采取换填的方法处理。由于换填浅了没有作用，换填深了影响交通，一些地方无法中断交通施工，因而采取注浆加固、碎石桩加固等措施，尤其是对于高速公路路基的沉降，碎石桩加固取得了很好的效果。

2.路基翻浆

路基翻浆主要是水的冻融及行车的作用所致。近年来，通过用混凝土或浆砌片石加固土质边沟，防止雨水下渗进入路基，尤其是加固一些进行灌溉的边沟和排水沟，取得了一定效果，大大减少了路基翻浆病害。

3.合理设计养护维修方案

在设计方案时，查明路基范围内的各种隐患，针对不同隐患，采取不同的处置措施，取得了一定效果。在设计中，一是对于排水构造物的基础，采用换填无机结合料稳定材料来建造，以减小地基沉降变形的概率；二是改变以往的维修方法，采用 PVC（polyvinyl chloride，聚氯乙烯）管等管材维修完善排水设施。

根据以往的经验，对于损坏的排水设施，往往原样修复。例如，对于混凝土边沟、急流槽的破坏，采用混凝土修复；对于浆砌片石边沟、急流槽的破坏，采用浆砌片石修复。修复后，新修复的地方好了，旧的地方又坏了。后来根据实际情况，采用 PVC 管、波纹管等修复急流槽，则修复一处，成功一处。

二、沙漠地区路基工程的养护

（一）沙漠地区常见病害

1.沙害

沙漠地区风沙对公路的危害有两种，即路基风蚀和沙埋。

风蚀：对于填方路堤的风蚀，主要出现在迎风边坡及路肩边缘部位；对于挖方路堑的风蚀，在路堑顶地形发生变化的棱角部位最为严重。

沙埋：按积沙形式，可分为片状积沙、舌状积沙和堆状积沙三种类型。

2.水毁

沙漠公路的水害情况有三种：自然降水冲刷路面、路肩及边坡；沿河、沿溪路线水冲刷破坏路基；水浪对风积沙路基的危害。

3.路基不均匀下沉

路基的不均匀下沉是指沙漠公路受重力及动载力作用，所产生的不均匀沉降，进而引起路面沉落不平，变形、开裂、破坏的一种病害。其主要出现在下列路段：

（1）路基下卧层浸水变软地。

（2）高填方路段边坡较陡处。

（3）路基填料为风积沙、淤积土或与其他土类交错变换处。

（4）凹形竖曲线最低处。

（5）桥涵两头。

4.路基盐胀

盐渍土是大陆性干旱少雨气候区内重要的地理地质象征之一，其盐分组成主要有氯化物、硫酸盐、碳酸盐、硝酸盐，对公路危害最大的是硫酸盐盐渍土。

5.路基冻胀翻浆

路基冻胀翻浆多出现在沙漠公路进出口及沙漠边缘泉水溢出带。

（二）沙漠路基的养护与维修

①对于沙漠公路风蚀病害的养护，就是维护路基两侧边坡及其以外一定范围内的一切防沙设施的完好性，如有毁坏或不足，应及时以有效材料予以修复。

②对于沙埋的养护，应先将积于路上的大片积沙全部清除到主风下风侧路外凹地上，将其整平并进行加固，然后恢复、补齐路侧防沙设施。

③对于水害的养护是经常整平路肩，使路面拱度与路肩拱度保持一致，尽快填补、压实、整平有冲沟的路肩、边坡。路基边坡采用 50 cm×50 cm 草方格进行加固。

④对于路基下卧层因浸水变软而下沉的处理方法是采取深挖措施，将变软地面以上的路基路面全部挖除，整平原地面，铺上土工布，再分层填筑沙基、压实、整平，铺上路面。

⑤对于高填方路基边坡较陡的下沉，多数是由于边坡防护失效，边坡受风吹蚀致使边坡过陡，降低了路基边缘部位抗侧向压力的能力而导致的。通过挖除下沉路基，将挖出的沙土填到边坡被风侵蚀的坑凹内，当填料不够时，可从远处沙丘运取，随填随压，使之密实，恢复边坡防护设施。

⑥对于凹形竖曲线最低处的下沉，一般出现在凹形竖曲线底部但高度不同的填方路堤路段，它是由于汽车下坡冲击力的频繁作用而出现的。养护维修方法是：挖除下沉部分，分层填筑风积沙路基并压实，在路基顶铺上土工布，铺筑沙砾垫层、水泥稳定碎（砾）石基层（厚度为 15～20 cm）、路面面层。

⑦对于桥涵两头下沉，是由于桥涵两头路基压实不够造成的。养护维修方法是：单从表面填补，无法消除其病害，必须在桥涵两头 8～20 m，将路面、路基挖除，挖出深

度为 30～40 cm，整平，铺上土工布，铺筑沙砾底基层压实，再铺筑 15～20 cm 厚度的水泥稳定碎（砾）石基层并压实，最后铺筑路面面层，整平压实。

⑧对只有轻微盐胀的公路，取路基土进行化学分析，硫酸盐含量在 1.2%以内者，可用细粒式沥青混凝土罩面，填低削高，以消除病害导致的路面不平整现象。

⑨对严重盐胀路段，仍取路基土进行化学分析，硫酸盐含量在 1.5%以上，而且大部分在 3%以上者，用简单的方法和低成本措施是难以奏效的，需要采用以下三种方法才能消除其病害，即在盐胀路面之上加铺沙砾的重力法、挖除盐胀路面路基以换填风积沙法、改变路线位置重新建设一条公路法。

⑩对已发生路面翻浆的路段，要彻底挖除破坏的路面和湿软成泥的路基。到底后将挖坑修整成规则的平面形状，使垂直坑壁、基底平整，铺带膜土工布，分层填筑风积沙或其他坚固稳定材料，最好是级配沙砾，分层压实，至路基顶后，再铺筑各结构层路面。

（三）防沙工程

沙漠公路的路侧防沙包括工程防沙措施和植物固沙措施两个方面。

1.工程防沙措施

工程防沙措施概括起来有"固、阻、输、导"四种。

（1）固沙措施：采用短节压扁芦苇、麦草、沙砾及黏性土，对流动性沙面加以固定，控制沙粒移动。将芦苇和麦草设置成 1 m×1 m 方格状，使其压入沙中 10～15 cm，露出地面 15～25 cm，可使用 6～8 年。

（2）阻沙措施：将芦苇、红柳，树枝、高粱秆、玉米秆扎成立式栅栏，使其埋入沙中 20 cm，露出地面 100～130 cm，并留 20%～25%的孔隙，对其根部用矮沙障予以固定。栽设位置一般应在固沙带外 20～30 m 处，与路线走向平行。

（3）输沙措施：主要在路基主风上侧设浅槽和在路基路面上采取措施，使过路风沙流以非堆积搬运的方式迅速通过。在养护上，要经常保持填方路堤的缓边坡或浅槽横断面形式，在挖方路堑保持敞开式的横断面形式。

（4）导沙措施：采用各种由有茎秆草类扎成的立式栅栏，将风沙流侧导到有利地形后通过公路，侧导栅栏与路线走向斜交，平面上可呈人字形，也可呈一字形。栅栏构造与阻沙栅栏相同。

2.植物固沙措施

对于防沙林的栽植，应按因地制宜、因害设防的原则进行。防护路基边坡应以密植草皮或茎枝爬地的草丛为佳。

沙漠地区的防沙固沙工程是保障沙漠公路使用年限与使用质量的重要措施，通过及时养护，减少沙害影响，可以保证公路的正常使用与运营管理。

三、多年冻土地区路基工程的养护

（一）多年冻土的危害

1.路基冻害

路基冻害主要表现为路面或地面发生冻胀的程度不同，会使得原有路基发生不规则变形，进而影响工程的安全使用，原有路面需要经过处理后，才能继续投入使用。

2.路基纵向开裂

在冻土地区，当气温骤降时，由于路基及道床自身具有保温作用，道床下路基与两侧的基床土因发生不同程度冻结而收缩变形，路肩及道床坡脚与轨枕可能纵向开裂。这种工程病害具有不可逆性且危害大，在工程中应尽量做好预防措施。

3.路基沉降

在冻土地区，路基基底常年受低温影响，土层水分会结成冰，加上路面车辆行驶带来连续不断的荷载，时常会出现荷载超过路面最大承受荷载的现象，土层之间的间隙会减小，土冰层出现融化，进而导致路基下沉，若修筑路基工程时没有做好排水工作，就会造成积水，积水越多就越容易产生热效应，使得冻土地区的地下冰加速融化，从而导致融沉。

（二）路基病害产生的原因

冻土地区路基病害产生的原因分为内因和外因，内因是冻土的工程性质，外因包括特殊的气候条件和工程因素。

1.冻土的工程性质

冻土对气候、水文和地表条件的变化极其敏感，具有融沉、冻胀等特殊的工程性质，而冻土的冻胀、融沉是由土中水的冻结与冰的融化而造成的，是温度与水分综合作用的结果。多年冻土区路基可分为季节活动层和多年冻土层，地温、含水量和含冰量极大地影响季节活动层和多年冻土层的力学性能。路基修筑在季节活动层上，活动层的力学性质是影响其稳定性的关键因素。全球气候变暖，加之公路的修筑，使得多年冻土层的上限下降，冻土转化为融土，这也是路基承载能力下降的关键因素之一。

2.特殊的气候条件

以青藏公路为例，其海拔高，所处区域气温低，土壤冻结过程与融化过程一样，均是周期气候的产物。青藏高原的降雨主要集中在每年的6～9月，这种集中降水从路基的边坡渗入路基内部（青藏公路路基排水是散排）。降温引起土体冻结，土体中水分的不均匀性和水分迁移通道的差异性，致使冻结过程中路基土体发生不规则的冻胀变形。随着气温的上升，土体中的冰融化，水分的增加降低了土体强度，在行车荷载的作用下，被弱化的土层就会发生变形，而其下的冻土层却具有很高的强度，致使弱化土层产生水平向的变形，路面表现出融沉或翻浆现象。在气候周期变化的影响下，路基土体常年处于冻胀和融化状态，结构疏松，承载能力下降极快。

3.工程因素

公路的修筑过程改变了原有的地表水热平衡状态。路基断面类型、路基填料和路面性质都是影响路基病害的原因。路基的断面类型指路基的高度、宽度、排水设施等。路基高度和宽度的不同，会引起热阻和热储差异，路基高度越大，因阳坡面接收太阳辐射热而产生的热阻、热储的差异就越明显。排水设施的完备与否，决定着渗入路基水分的多少。路基填料性质直接影响路基承载能力和稳定性。铺筑的沥青路面增加了吸收的太阳辐射能量，减少了蒸发耗热量，致使路基内部地温增加，引发融沉现象。

（三）冻土地区路基养护处理

1.热棒技术

热棒一般是由金属管和工作介质组成的，是一种可以传递能量的管体，当热棒棒体的下部温度高于上部温度的时候，下部的热能可以传递到上部，同时上部的冷能可以传递到下部。热棒可以不断地进行热量的循环传递，使地基下的冻土冷却，并且保持冻结。热棒技术可以主动对路基进行冷却处理，并且使路基下的冻土保持冻结，减少冻土路基的质量问题，保护其稳定性，热棒技术适合在冻土退化区使用。在低温冻土区也可以使用热棒技术，但是会在一定程度上导致成本增加，所以在低温冻土区可以考虑一些比较被动的保护措施，以节约工程成本。在实际的工程施工过程中，要根据各地的不同情况，采取双向热棒或斜置热棒等处理对策，这两种方式的冷却效果比单棒直置的效果更好，但成本也会相对高。

2.挤塑保温板处理措施

利用保温板的保温功能，在低路基段阻止暖季热能进入地基，从而避免冻土下降的现象出现，保温板路基可以在设计使用年限内起到延缓冻土退化、保护冻土的作用。保温板路基适用于冻土埋藏较深、含冰量较大、温度较低的路段。当路基高度小于冻土最小设计高度时，可以使用保温板处理；当路堑处需要进行换填以保护下伏的多年冻土时，也可以使用这种处理措施。

3.通风管路基

通风管路基处理措施，具体指的是在路基中沿着该地的主要风向进行通风管的埋置，由于寒冷季节的冷空气密度比较大，在风的作用和冷空气本身的自重作用下，冷空气会在通风管中流动，从而带走管中温度比较低的空气，并且与通风管上部的路基内部土体进行热交换，让该部分土体释放的热量高于吸收的热量，从而降低该部分土体及其附近土体的温度。通风管路基处理措施具有成本低、施工简单等优点。

4.纵向裂缝处理措施

纵向裂缝的处理措施分为两类，即直接处理措施和间接处理措施。

直接处理措施包括灌缝、柔性枕梁处理结构、土工格栅处理结构，以及土工格栅与柔性枕梁复合处理结构。直接处理措施可以迅速消除路面的裂缝，快速减小裂缝造成的影响。

间接处理措施包括碎石护坡路基和遮阳板路基。这两种处理方式可以改变路基内部的温度场，从而保持路基的稳定状态。相较于直接处理措施，间接处理措施投入较大，并且产生效果的时间较长，但是由于其改变了纵向裂缝扩展的条件，因而这种方式可以减少裂缝宽度，可以长时间地保持纵向裂缝不再变大。

5.边坡冻融疏松处理措施

当前，边坡冻融疏松现象并没有得到公路养护管理部门的重视。对于这种现象，可以采取通过施工机械培土加宽路肩的措施，这种措施虽然可以在一定程度上保护路基的边坡，但是耗费的人力和资金成本都比较高，并且保护作用比较小。边坡冻融疏松从表面上看对路基的稳定性不会造成太大的影响，但若任其发展，会导致路基含水量增大，从而导致路基产生病害。因此，必须加强对边坡冻融疏松的重视，并且不断寻找简单高效、成本低廉的养护方法。

6.冻胀处理措施

水分和温度的综合作用会导致冻胀现象发生，所以避免冻胀现象发生的措施就是防止路基中的水分过多或出现负温的情况。当前，防治冻胀的措施主要是在路基填料中添加石灰等材料或者设置隔温板等。

我国对于多年冻土路基的处理措施的研究已经取得了巨大的进步，但是在一些方面仍然需要进行深入的研究。采取有效的措施治理冻土路基，做到协调管理，对我国多年冻土地区的公路施工有着巨大的帮助，有利于推动交通行业创造更高的经济效益和社会效益。由此可以看出，对多年冻土地区的路基处理进行深入探究，具有非常重要的意义，可以有效推动我国交通行业可持续发展。

四、盐渍土地区路基工程的养护

（一）盐渍土地区路基常见病害

当距离地表 1 m 的土壤里含有容易溶解的盐类，如 NaCl（氯化钠）、$MgCl_2$（氯化镁）、$CaCl_2$（氯化钙）、Na_2SO_4（硫酸钠）、$MgSO_4$（硫酸镁）、Na_2CO_3（碳酸钠）、$NaHCO_3$（碳酸氢钠）等，其含量超过 0.3%，即属盐渍土。我国西北、东北的干旱地区及沿海平原地区分布着大面积的盐渍土，其盐含量通常是 5%～20%，有的地区甚至高达 60%～70%。由于土中含有易溶盐，土的物理、力学上的筑路性质发生变化，将引起许多路基病害。

盐渍土在干旱季节和干旱地区，受盐类的胶结和吸湿、保湿作用，有利于维持路基稳定。但一旦受到雨水、冰雪融化后带来的淋溶作用，盐渍土含水量急增，则会出现湿化坍塌、溶陷、路基发软等现象，致使路基强度降低，丧失稳定性，甚至失去承载力，进而容易导致路基出现下列病害：公路泥泞；加重路基翻浆及冻胀病害；当受水浸时，强度显著下降，发生沉陷；硫酸盐导致盐胀作用，使土体表面结构破坏和疏松，甚至出现路面被拱裂及路肩、边坡被剥蚀等现象。

（二）盐渍土地区路基养护的主要技术措施

①排水沟要保持 0.5%～1%的纵坡；在低矮平坦、排水困难的地段，应加宽、加深边沟或在边沟外增设横向排水沟，其间距不宜大于 500 m，沟底应有向外倾斜 2%～3%的横坡。

②对于加深、加宽边沟形成的弃土，可堆筑在边沟外缘形成护堤，以保护路基不被水淹。

③对于盐湖地区用盐晶块修筑的路基表面，原来没有覆盖层或覆盖层散失的，宜用沙土混合料进行覆盖和恢复。路肩如出现车辙、坑凹、泥泞，应清除浮土，洒泼盐水湿润，再填补碎盐晶块来整平、夯实，仍用沙土混合料覆盖、压实。

④在秋季或春融时期，路肩容易出现盐胀，甚至翻浆。应将隆起部位铲去，以使地面水及时排出。

⑤对于边坡经雨水或化雪冲融后出现的沟槽、溶洞等，可平铺盐壳或掺砾黏土料，拍紧，防止疏松。

⑥防止边坡水土流失，应结合当地植物的生长情况，种植一些耐盐性的树木或草本植物（如红杨、甘草、白茨等），以提高边坡的稳定性。

⑦在过盐边坡地区，对于高等级公路，为防止路基吹蚀、泥泞，防止水分从路肩部分下渗而造成路面沉陷，其路肩可考虑采用下列加固措施：

a.将粗粒渗水材料掺在当地土内，以封闭路肩表层。

b.用沥青材料封闭路肩。

c.就地取材，用 15 cm 厚的盐壳加固。

⑧对于硫酸盐渍土路基，为处理边坡因疏松、风蚀和人畜踩踏而造成的破坏，可根据需要，采用在路堤边坡上平铺卵石、砾石、黏土或盐壳等措施。

五、其他特殊地区路基工程的养护

（一）泥石流地段路基工程的养护

泥石流是一种突然爆发的含大量泥沙石块的洪流，其对路基的危害主要是通过堵塞、淤埋、冲刷、撞击等实现的。我国泥石流主要分布在西南、西北及华北的山区，华南、台湾及海南岛等地山区也有零星分布。

对于泥石流病害，应通过访问、测绘、观测等获得第一手资料，掌握其活动规律。可以采取以下措施，对泥石流进行防治：

①植树造林、封山育林。对于存在流泥、流石的山坡，特别是在分水岭、山坡、洪积扇上及沟谷内，应在春秋两季大量植树造林、铺植草皮。树木以生长快、根系多的柳树等为宜。铺草皮要先修整边坡，铺后要用木槌拍紧、拍平，使接缝紧密。但因草坡只能预防坡面冲刷、侵蚀，因此不宜种植在滑动没有停止的边坡。同时，应控制放牧，不允许在同一坡面上伐树、采挖草皮，以防止造成新的泥石流。

②对于平整山坡，应填充沟缝，修筑梯阶、土埂，以控制水土流失，防止滑坡发展。

③修筑排水及支挡工程，如修筑截水沟、边坡渗沟等排水工程，设置支撑挡墙，加固沟头、沟底、沟坡，以稳定山坡。

④在地质条件好的上游，分级修建砌石或混凝土挡渣坝，以起到沉积、拦阻泥石的作用。坝址宜选在能充分停淤的沟谷狭窄处，基础要设置在可靠的地基上。对于沉积在坝后的泥石，要随时清除。

⑤对于少量的泥石流，应在路肩外缘设置碎落台或修建拦渣挡墙，并随时清除冲积的泥石。

⑥采用桥梁或涵洞跨越泥石流办法，但要考虑淤积的问题。

⑦采用明洞及隧道措施，这一措施一般用于路基通过堆积区，且泥石流规模大、发生频率高、危害严重而不易采取其他措施的情况下。

⑧设置渡槽。

⑨设置排导设施，如排洪道、急流槽、导流堤。

⑩采取滞流及拦截措施，如做谷坊坝、挡渣坝、停淤场等。

（二）泥沼及软土地带的路基工程养护

我国东北的大小兴安岭、长白山、三江平原、松辽平原等地，青藏高原和西北地区的湖盆洼地、高寒山地，均分布有泥沼；在内陆湖塘盆地、江河湖海沿岸和山河洼地，则分布有近代沉积的软土。对于泥沼、软土地带的路基，多因地面低洼、降水充足、地下水位高、水分饱和而导致透水性小、压缩性大、抗剪强度低，在填土荷载和行车荷载的作用下，容易出现沉降、冰冻膨胀、弹簧、沉陷、滑动、基底向两侧挤出淤泥等病害。

对于这些地区路基损坏的整治，应针对病害情况，采取下列几种措施：

①处理沉降，可用填筑土石来恢复，使其与两端衔接平顺。

②治理膨胀、弹簧、沉陷病害，可通过打石灰桩吸收水分来防止溶冻、翻浆。

③对于滑动、基底挤出淤泥病害，可采用支挡设施进行治理，如在坡脚打木桩、做干砌块石挡墙等。

④对于路基两侧的下边坡，宜种柳、枫、杨等亲水、根系发达的树木，以增强路基抵抗冲刷、浸蚀的能力。

⑤综合加固。

a.砂井与反压护道并用。

b.反压护道与砂垫层并用。

c.反压护道与片石齿墙并用。

d.柴排与砂垫层并用。

e.反压护道与换土并用。

f.降低水位，视情况加深两侧边沟，以促进路基土渗透固结。

（三）透水路堤的养护

透水路堤的边坡应保持稳定、完好，若发现有冲塌缺陷，应选用与原来相同的材料填补加固。对于透水路堤伸出路基坡脚以外部分，应经常清理，保持原有的宽度，防止边坡土塌落，堵塞石缝。对于透水路堤上游的路基护坡，应保持高出洪水位 1 m，如雨季后检查出高度不足，应采取补救加固措施。对于上游护底的铺砌，必须保持平顺、密实、无淤积，如发现松动变形，需及时修补。

透水路堤顶面与路基之间所铺的隔离层是防止毛细水上升的设施，如果路基出现发软变形，证明隔离层失去作用，应进行返修恢复工作。在养护加固中，如遇不能清除透水路堤的淤塞物的情况，则应改为修建桥梁或涵洞，以利宣泄。

（四）沿河路堤护岸的养护

应在洪水期前后观察护岸设施的作用和效果，检查其是否完整、稳固。当护岸受到洪水冲刷与波浪、漂浮物等冲击损坏时，应采取抛石加固措施，其方法是用坚硬的石料堆成 1∶1～1∶2 的坡度，抛石体厚度不小于石块尺寸的 2 倍。

第五章　路面的养护管理

第一节　高等级公路路面常见病害及养护

高等级公路对提高公路运输能力、增强运输安全性等有着重要的作用，但受到施工技术、管理水平等因素的影响，加之车流量的不断增加，高等级公路路面难免发生沉陷、水损坏、车辙等病害，影响行车舒适度，并增加了路面养护工作的难度，所以要制定切实可行的养护措施，研究快速修补路面的方法，从而降低高等级公路的养护成本，确保高等级公路的运输安全。

一、高等级公路路面病害概述

（一）高等级公路路面病害定义

高等级公路路面病害包括松散、坑槽、车辙等，根据交通运输部下发的《公路沥青路面预防养护技术规范》（JTG／T 5142-01—2021）的规定，各类高等级路面部分病害的定义如下：

坑槽：路面呈坑洼状，面积超过 30 cm²，平均深度超过 1 cm。

车辙：车辆在路面行驶中产生的车轮痕迹，是平均深度超过 1 cm 的带状凹槽。

松散：铺设路面的材料年代久远，材料黏结力失效，造成集料松动，平均面积超过 0.05 m²。

翻浆：路面或路基发生变形、路面下陷，深度超过 1.5 cm。

沉陷：路面或路基变形或路面下陷，深度多超过 1.5 cm。

泛油：多发生在夏季高温时节，在阳光照射下路面沥青软化，在车辆经过后，沥青被挤出，在路面表层形成一层薄油层，并出现行车痕迹。

龟裂：路面因干燥或热胀冷缩造成的缝宽超过 3 mm 及缝隙距离在 10 cm 以内、面积超过 1 m² 的不规则块状裂缝。

网裂：路面缝宽超过 1 mm 及缝隙距离在 40 cm 内、面积超过 1 m² 的网状裂缝。

（二）高等级公路路面病害分类

1.结构性病害

结构性病害多是由路面各层或某层承载能力下降造成的，主要包括局部裂缝、车辙、桥头跳车、剥落、松散、坑槽、刨光、波浪、拥包、泛油、修补不良、路面透水等。在沥青表面主要表现为产生裂缝，尤其是横向裂缝。这种裂缝多贯穿于整个横向路面，最终造成整个路面的结构层被破坏。

2.功能性病害

功能性病害多是因公路维护不及时而造成的路面平整度下降、车辙加深等现象，影响车辆行驶的舒适度与安全性能，容易引发安全事故。其主要包括以下病害类型：

（1）纵向裂缝：裂缝一般较长，多以单条裂缝的形式出现，是由温差及路基沉陷不均造成的。

（2）龟裂：在高等级公路修建期，由路面未压实或路基下陷等因素造成的小网格状的裂缝。

（3）块裂：路面因年久失修而产生的形状不规则的大块网格状裂缝。

二、高等级公路路面常见病害的原因

（一）裂缝

裂缝包括横向裂缝和纵向裂缝等。

1.横向裂缝

造成路面横向裂缝的原因有温度变化、地基变形及车辆行驶荷载等。

温度变化引起的横向裂缝：根据沥青混凝土热胀冷缩的性质，其在高温下应力吸收能力良好。山区气温随海拔高度的升高而降低，昼夜温差大，会在沥青层中产生温度应力，在温度应力的持续作用下，沥青层因温差变化而产生温度疲劳裂缝。

反射裂缝：若路面使用半刚性基层材料，则成型后存在明显的裂缝。受车辆行驶负荷的影响，尤其是当车辆超重时，半刚性底层就会产生大的拉应力，造成基层开裂；在负荷反复作用下，裂缝会逐步扩展到沥青层，使裂缝贯穿在半幅路面或整个范围内。一般情况下，该裂缝呈规律性的等距分布。

2.纵向裂缝

造成路面纵向裂缝的因素有路基填筑材料、施工质量及车辆行驶的稳定性等。

3.不规则裂缝

随着通车时间的增加，路面或多或少会出现网裂及龟裂等不规则裂缝，并出现槽状或盆状沉降曲线，究其原因，主要有以下几点：

（1）当素土层遇水后，路面承载力下降，并在拉伸作用下，造成矿料疲劳破坏，从而出现不规则裂缝。

（2）若施工质量差，混合料搅拌不均，混合料水量、压实度及厚度呈现不均匀性，造成路面整体不均匀，在车辆荷载作用下，路面薄弱处就会出现槽状或盆状不规则裂缝。

（二）水损坏

水损坏在路面早期比较常见，也是破坏力最大的病害，主要包括网裂、翻浆及坑槽等，多发生在排水不畅的路段，挖开路面会看到积水或泥浆，水损坏不会造成路面全部被破坏，仅会在局部产生坑槽，尤其是行车量大的路段，主要原因是沥青及混合料的离析所产生的集料，使局部地区的空隙过大，造成路面渗水并破坏路面。

（三）车辙

车辙是路面在重车碾压下形成的纵向带状凹槽，产生的原因包括以下方面：

①路面结构层不合理导致各层受力不均。

②不能很好地传递荷载应力，造成应力集中而出现变形。

③路面厚度薄，导致不能承受荷载力而发生变形。

④沥青等矿料质量不佳，不能耐受高温而导致路面失稳。

三、高等级公路路面病害修补方法与养护措施

（一）裂缝的修补方法与养护措施

1.普通沥青灌缝

对于缝宽 6 mm 内的裂缝，应用空气压缩机吹干净尘土。对于 6 mm 以上的裂缝，要清理干净缝隙内的杂物并用空气压缩机吹干净尘土，然后在现场加热沥青，温度为150℃左右，用铁壶或专用容器把沥青灌入缝隙内，浇灌 2～3 遍。该法操作简单，所需设备及人员少，费用低，效率高，不足之处是沥青与缝隙黏结的强度不高，使用周期仅为 1 年，且夏季温度高，有被车辆粘走溢出沥青的风险。

2.溶剂型改良沥青灌缝

该方法适合裂缝数量较多的情况，改良沥青是指在沥青中加入丁苯橡胶等改良剂。使用方法为：先清理干净裂缝内的杂物及尘土，然后在容器内装入改良沥青，用气泵灌入裂缝内，重复 2～3 次，直到灌缝材料与路面等高，在灌缝表面撒上细沙并抹平。

为了避免出现路面裂缝，要做好路面养护工作：

（1）在路线设计时，要避免路线经过洼地，若无法避开，要采取措施避免表层水流到路基上，并在路边设置排水沟避免出现裂缝。

（2）雨水容易渗入坡面路基，导致路基承载力下降。要在路基上侧的坡面设计边沟，截断流向路基的水流，设置盲沟，避免雨水涌入土层顺流到路基下的地基中，并在合适位置建设涵洞，把水引到下坡位置排走。

（3）若路基压实度不够，降雨时就会造成路基边缘下沉，产生裂缝，所以在施工时，要着重做好路基边缘的碾压工作。

（4）为了避免裂缝在结构层的贯通，可在路面结构层中设置过渡层或铺设应力吸收层，从而防止路面病害的进一步发展。

（二）水损坏的修补方法与养护措施

1.路面坑槽的修补方法

路面坑槽的修补方法有以下几种：

（1）本着圆洞方补的原则，测定坑槽的范围及深度，并划出与路面平行或垂直的

修补轮廓线，将槽底及槽壁清理干净。

（2）在槽底及槽壁上涂上黏结剂沥青，填充沥青混合料。填充材料要尽量与原路面所用材料一致，根据实际情况采取热拌法或冷拌法等，填充材料有乳化沥青混合料或袋装沥青预拌乳化混合料等。

（3）用平板压实，填补部分要高出原路面2～4 mm，在后期经车辆碾压后即与路面持平。

2.麻面的修补方法与养护措施

对于路面的轻微麻面，若路面沥青层不贫油，在高温时节撒上适量嵌缝料，将其填充到石料空隙中即可；对于大面积的麻面，要喷洒黏度高的沥青，并撒上适当的嵌缝料，使中间的麻面部分的嵌缝料更厚一些，路面接口处薄一些，然后碾压成形。若路面沥青量较少，要先把路面松动的矿料收集在一起，待气温升高到15℃以上时，喷洒适量的沥青，并均匀撒上适当的粗沙或石屑，最后用压路机压平。另外，应根据水损坏的内外因，采取有效的养护措施，做好路面防水、排水措施，以把水损坏造成的损失降到最低。

其具体措施如下：

（1）从表面将水封住，从表面排走水。

（2）从路面中层封水，从表层排走水。

（3）将路基表面封住，避免水从沥青层出来浸泡基层。

（4）若水渗入基层，要建设排水式基层。

3.沉陷的修补方法与养护措施

（1）从源头上消除沉陷。地基沉陷多是路面在自身及长期的负荷下产生的沉降，是地基内部各土层因承载的作用力不同而发生的固结变形，所以要采取措施处理地基，避免地基下沉。

（2）避免桥头填充物固结变形。桥头填充物的作业面小，使用压路机不能正常碾压，因此桥头填充物的压实度往往不够，从而产生沉降。在施工时，要在桥梁涵洞的台背处填充石灰或水泥等矿料，并采取桥头搭板的方式避免桥头跳车。

4.车辙的修补方法与养护措施

车辙的产生与沥青的高温抗剪强度有直接的关系，所以要尽量选择温度性能良好的沥青，从而提高沥青的稳定度；使用黏稠度较高的沥青，以提高沥青的抗变形能力。对连续长度小于30 m、深度小于8 mm的车辙，可采取路面烘烤或耙松的方式，适当添加新料并压实。若车辙长度超过 30 m、深度超过 8 mm，则采取路面上层或中上层铣刨的方式，并重新摊铺路面。对于深度超过 8 cm 的车辙，可采取中上层铣刨的方式，并重新摊铺路面。针对因路面施工质量差而造成的车辙，在重新摊铺路面前，要先处理好路面，先将路面压实，再重新摊铺。

造成高等级公路路面病害的原因是多方面的，与设计、施工及维护等存在的不足相关，针对当前高等级公路路面病害早期化的现状，我们要优化设计、强化施工管理、提高施工质量，并缩短维护周期，做好后期维护工作，提高路面使用性能，从而延长高等级公路的使用寿命。

第二节 沥青类路面的养护与维修

一、沥青路面的破坏类别

路面的破坏大体上可分为两类：一类是结构性破坏，它是指路面结构的整体或其中某一个或几个组成部分的破坏，严重时已不能承受车辆的荷载；另一类是功能性破坏，如路面由于不平整或太光滑而不再具有预期的功能。这两类破坏不一定同时发生，但都是逐渐积累起来的。对于功能性破坏，可以通过修整、养护来恢复路面的平整性或抗滑性，以满足行车使用要求。但对于结构性破坏，一般需进行彻底翻修。

沥青路面所用的矿料粒径规格如果不符合要求，往往会因强度不足和劈裂作用而使矿料被压碎，从而导致路面被破坏。在夏季高温时，沥青材料黏滞度降低，在荷载作用下，可能使路面表面造成泛油，也可能使沥青材料与矿料一起被挤动而引起面层车辙、推挤、波浪等变形破坏。在冬季低温下，沥青材料会由于收缩作用而产生脆裂破坏。在水分和温度的作用下，沥青材料与矿料间的黏结力降低，沥青面层就会出现松散、剥落等问题。

二、沥青路面的病害种类

沥青路面各种病害的成因比较复杂，由于环境、地点、气候条件的不同，出现的病害情况不一。现将沥青路面的几种主要病害与防治方法介绍如下：

（一）泛油

泛油大多是由混合料中沥青用量偏多、沥青稠度太低等引起的，但有时也可能是由于低温季节施工，表面嵌缝料散失过多，待气温变暖之后，在行车作用下矿料下挤，沥青上泛，表面形成油层而引起的。沥青表面处治和沥青贯入式路面最易产生此类病害。可以根据泛油的轻重程度，通过铺撒粒径较粗的矿料进行治理。

（二）波浪

波浪是路面上形成的有规则的低洼和凸起变形。波浪的产生，主要是由于沥青散布不均形成油垄，沥青多处矿料厚、沥青少处矿料薄，再经过行车不断撞击而造成的路面高低不平的现象。交叉口、停车站、陡坡路段等行车水平力作用较大的地方，最易产生波浪变形。波浪变形治理较为困难，轻微的波浪可在热季采用强行压平的方法治理，严重的波浪则需用热拌沥青混合料填平。

（三）拥包

在行车水平力作用下，如果沥青面层材料的抗剪强度不足，易产生推挤、拥包。这类病害大多是由所用的沥青稠度偏低、用量偏多，或因混合料中矿料级配不好、细料偏多而产生的。此外，当面层较薄、面层与基层的黏结力较低时，也易产生推挤、拥包。这种病害一般只能采取铲平的办法治理。

（四）滑溜

沥青路面滑溜主要是由行车作用造成的，沥青面层中多余的沥青在行车荷载重复作用下泛油，也易导致表面滑溜。这类病害通常采用加铺防滑封层的方式治理。

（五）裂缝

沥青路面裂缝的形式有纵向裂缝、横向裂缝、龟裂与网裂几种。

沥青路面沿路线纵向产生的开裂，一种是因填土未压实，路基产生不均匀沉陷或冻胀作用造成的；另一种是因沥青混合料摊铺时间过长或接缝处理不当，接缝处压实未达到要求，在行车作用下形成的。

冬季气温下降，沥青路面或基层收缩而形成的裂缝，一般为与公路中线垂直的横缝。土基干缩或冻缩产生的裂缝，也以横缝居多。

当路面整体强度不足、沥青面层老化时，往往会形成图形闭合的龟裂、网裂。对于较小的纵缝和横缝，一般灌入热沥青材料加以封闭处理。对于较大的裂缝，则用填塞沥青石屑混合料的方法处理。对于大面积的龟裂、网裂，通常采用加铺封层或对沥青表面进行治理。对于网裂、龟裂严重的路段，则应进行补强或彻底翻修。

（六）坑槽

沥青路面产生坑槽的原因是面层的网裂、龟裂未及时养护，基层局部强度不足，在行车作用下也易产生坑槽。坑槽治理的方法是将坑槽挖成矩形，使槽壁垂直，在四周涂刷热沥青后，从基层到面层用与原结构相同的材料填补，并予夯实。

（七）松散

松散大多发生在沥青路面使用的初期。产生松散的原因是采用的沥青稠度偏低，黏结力差，用量偏少；所用的矿料过湿、铺撒不匀；所用嵌缝料不合规格而未能被沥青粘牢。如果基层湿软，则应清除松散的沥青面层后重新压实，待基层干燥后再铺面层。

（八）啃边

在行车作用和自然因素影响下，沥青路面边缘不断缺损，参差不齐，路面宽度减小，这种现象称为啃边。其产生的原因是路面过窄，行车压到路面边缘而造成缺损。边缘强度不足、路肩太高或太低、雨水冲刷路面边缘等都会造成啃边。对啃边病害的治理方法是设置路缘石、加宽路面、加固路肩。在有条件的情况下，应设法加宽路面基层到面层的宽度，以 20～30 cm 为宜。

三、公路沥青路面养护施工技术

（一）裂缝病害的治理

治理公路沥青路面裂缝问题可以用灌封胶修补路面裂缝，灌封胶具有很强的黏合力，可以有效黏合沥青。在用灌封胶修复的过程中，主要应用开槽机和灌缝机，开槽处理公路表面之后，需要清理基础表面，随后预热灌胶材料，在裂缝中填入材料，等待风干之后，才可以开放交通；还可以应用稀浆封层材料落实灌粉工作，首先清理裂缝，随后搅拌稀浆封层材料，并将其填入缝隙中，在整平、压实处理之后，等待 20 分钟，待封层材料破乳之后，才可以开放交通。在处理轻度龟裂的过程中，可以应用雾封层法，这种方法有利于提高沥青路面的防水性和耐久性。

（二）坑槽防治措施

①热烘式坑槽养护处理技术。施工单位可以利用设备间接加热沥青路面坑槽，同时需要整平、压实旧沥青混合料。但混合新旧材料不利于保障新材料性能，即使压实操作符合要求，也无法优化硬化效果。

②喷射式坑槽养护处理技术。这项技术的使用，需要结合自动坑槽维护风机，通过高风量清理坑槽中的废弃物，通过喷嘴向坑槽中吹入沥青混合料，整体施工过程自动化程度较高，可以提高施工效率，节省施工时间和人力资源。

（三）处理松散和麻面问题

在公路工程施工中，如果温度较低，将会提高松散和麻面问题的发生率。工作人员在发现这类问题之后，需要应用乳化沥青稀浆材料对其进行处理。对于因黏结料老化而引发的松散病害，工作人员要重新铺设黏结料，去除老化的材料。

（四）车辙防治技术

为了防止产生车辙，要提高沥青混合材料的黏稠度，在选择沥青的过程中，要注重黏稠度指标，把控沥青黏度变化，降低外界温度的负面影响。在施工材料中掺加树脂和橡胶等，有利于改善沥青反应；也可以应用吸油材料代替橡胶，这类材料具有稳定的温度感知能力。

（五）推移病害的防治技术

在公路沥青路面施工中，要加大质量管控力度，通过压实处理提高路面的稳定性，减少推移病害的发生。施工单位要根据技术要求合理配比施工材料，做好清理工作，避免杂质影响施工质量。施工单位要完整洒布沥青。监理部门要控制车辆超载情况，从而降低推移病害的发生率。

（六）乳化沥青稀浆封层养护施工技术

在公路沥青路面铺设阶段，应用乳化沥青稀浆封层养护施工技术，可处理松散和裂纹等问题，进一步提高公路沥青路面的平整度和抗滑性。为了充分发挥这项技术的优势，施工单位要合理配制沥青、集料及添加料等，对其充分搅拌，使其形成稀浆，随后在路面上均匀地铺洒。施工单位要严格将铺洒厚度控制在 5 mm 以内，以优化整体养护效果，还能够节省材料。

（七）微表处养护施工技术

在公路沥青路面养护中，应用微表处养护技术，可以改善公路沥青路面性能。微表处养护技术包括单层摊铺和双层摊铺，均可用于修复路面车辙，这有利于提高公路沥青路面的摩擦力和耐用性。为了充分发挥这项技术的优势，施工单位在材料配比阶段，要根据标准要求开展操作，还要控制周边环境的湿度，在完成养护工作后，需等待 1 小时才可以通车。

（八）密实粗集料级配沥青混凝土养护施工技术

应用密实粗集料级配沥青混凝土养护施工技术，可优化整体修复效果，提高整体工程质量。施工单位需要关注混凝土性能，避免公路沥青路面出现水损问题。为了优化施工效果，施工单位要加大培训力度，通过落实安全教育，提高员工的质量意识，严格落实施工流程，降低安全事故发生率。

为了保障公路工程质量，施工单位要合理选择公路沥青路面养护施工技术，从而降低施工病害发生率，提高公路行驶的安全性，增强公路沥青路面的耐久性。

四、公路沥青路面的养护维修措施

（一）做好沥青混合料拌和工作

在实施沥青混合料拌和工作时，应控制沥青材料的温度。温度未能控制在规定范围内，会造成沥青材料质量不达标，影响拌和效果，不利于后续的摊铺和碾压工作。沥青材料的拌和温度如果低于标准值，容易出现拌和不均；沥青材料的拌和温度如果高于标准值，会造成燃料的浪费，加速沥青材料的老化、硬化，进而影响沥青材料的性能。因此，在拌和沥青材料时，要根据所选沥青材料的特性，合理把控拌和温度和时间。对于普通的沥青材料，拌和的间歇时间应当控制在 45～55 s，干拌时间应控制在 5～10 s，直至沥青材料拌和均匀。集料的烘干温度应比沥青高 10～30℃，储存时间不可超过 3 天。此外，在湖沥青改性沥青混合料的拌和期间内，其拌和温度应控制在 175℃，拌和时间控制为 95 s。湖沥青改性沥青混合料拌和好后，应及时使用，以免发生离析现象。

（二）重视沥青混合料摊铺施工

在进行沥青混合料摊铺施工时，应根据实际要求，选择合适的摊铺机，确定摊铺机的型号，制定适宜的摊铺施工方案，进行操作优化，为沥青混合料的摊铺工作提供质量保障。

在调整摊铺机时，可从两方面着手。

一方面，可调整摊铺机的各项结构参数，基于施工要求和实况，确定适宜的摊铺宽度、拱度，关注摊铺工作角。摊铺机操作人员应熟读摊铺机使用说明书，严格遵守规定的操作要求，以免损伤摊铺机，确保摊铺机能够正常运行。

另一方面，应调整摊铺机的运行参数，以实际情况为依据确定摊铺机的摊铺速度、振动频率、幅值等。

在实施沥青混合料摊铺作业时，应重视和把控每个细节，保障最终的摊铺质量。

①放线。在摊铺公路路面下面层时，应做好放线工作，以悬挂钢丝绳为基准线。在摊铺过程中，将摊铺厚度控制在施工标准范围内，确保摊铺压实后下面层标高达到设计要求。

②标高。在进行中面层摊铺工作时，要根据下面层摊铺的实际情况开展作业。例如，如果下面层摊铺标高达到规定的设计要求，在进行中面层摊铺时，可直接应用浮动梁辅

助摊铺机自动找平,以提高路面摊铺的平整性。

③找平。在实施下面层摊铺作业时,若其标高与实际设计要求相差较多,仍应以悬挂钢丝绳为基准来进行摊铺。对于公路路面的磨耗层,可使用浮动梁辅助摊铺机进行自动找平,使平整度达到施工要求。

可结合下承层高程、设计标高,来确定固定基准,保障基准线的高程达到设计标准,控制好面层厚度和平整度。在横坡段施工过程中,可使用双挂线进行摊铺作业。

(三)提高沥青混合料碾压工作水平

在公路路面维修工作中,应重视沥青混合料碾压工作,不断提升碾压工作水平,以保障沥青路面质量。目前,在公路路面病害问题中,部分病害的产生是由于沥青材料压实工序不到位,进而直接影响路面的整体质量。例如,基于渠化交通,当沥青混合料的压实度不满足要求时,会增大路面残余孔隙率,导致路面出现车辙等病害,缩短了公路路面的使用寿命;会导致沥青混合料渗透率加大,加速沥青混合料的老化程度,难以保障公路路面的强度,进而影响车辆行驶的稳定性。

当公路沥青材料被过度碾压时,会破坏矿料,导致空隙率小于标准值,容易引发公路泛油问题,不利于保障公路的稳定性。公路沥青路面的损害通常是从局部开始的,损害形式多种多样,较为常见的有坑槽、车辙、裂缝等,造成病害出现的原因也有很多,压实不均匀是常见原因之一。

当沥青混合料出现离析现象后,会影响沥青压实作业效果,离析包括两种类别,一种是温度离析,另一种是集料离析。为保障沥青路面压实工作的质量,使压实度达到标准要求,要做好沥青混合料的配比设计工作,选择适宜的沥青品种,控制压实过程中的沥青温度,根据沥青混合料温度变化规律,控制压实作业时间,以提高公路沥青路面的压实效果,使其符合相关要求。

第三节 水泥混凝土路面的养护与维修

近年来，随着我国城市建设的不断发展，国家交通公路通行里程数不断增加，水泥混凝土结构因其具备刚性强、承载力大、耐久性好等特点，被越来越多地用在公路建设中，但这些公路在长期使用的过程中，病害发生的范围较广、频次较高。从病害发生的情况来看，大多数公路容易出现破损、裂缝、断裂等问题，如果不及时采取有效措施进行维修和日常养护，一旦损坏区域进一步扩大，修复起来将极其困难，不仅需要花费大量的维修费用，而且会影响路面车辆的正常行驶，存在潜在的公路交通安全隐患。因此，加强水泥混凝土路面的维修养护，无论是从经济角度出发，还是从安全角度考虑，都具有十分重要的意义。

一、水泥混凝土路面受损原因

根据调查，造成水泥混凝土路面受损的原因有许多，主要有以下几个方面：

①施工工艺滞后。水泥混凝土路面对施工工艺的要求较高，但某些施工单位在实际施工过程中，并未采用良好的施工工艺，致使水泥混凝土路面施工质量难以得到控制，进而使路面成型质量难以得到保障，最终导致混凝土路面裂缝、断板等问题，从而严重影响了水泥混凝土路面的稳定性。

②水泥混凝土路面一旦发生以上问题，就会进一步导致起皮、蜂窝等问题，这无疑加剧了路面受损情况。

③在经过一段使用时间后，路面会有受损隐患，在这种情况下，若不采取有效的养护维修技术，从根源上杜绝隐患，将会引发新的问题。

水泥混凝土路面裂缝受损类型，主要有横向、表面和纵向等，如果一开始就失水过快，极容易造成表面裂缝。如果切缝不够及时，出现失水干缩等问题，就会出现横向裂缝。纵向裂缝的产生则是由湿度与压实程度不够而导致的。

二、水泥混凝土路面养护技术

（一）接缝养护技术

接缝养护技术是一项关键养护技术，对水泥混凝土路面养护具有十分重要的推动作用。传统的养护主要使用切割机锯切或者人工直接清理等方式，这种养护方式不但不利于路面质量的提高，还会增加施工难度。所以，对于这一状况来说，应采用厚锯片接缝方式锯切旧接缝，并对其中的残留物质进行清理，随后实施灌缝，借助清洗烘干等方法，实现有效养护。

另外，在以往的接缝清洗中，通常会采用高压水与空气相结合的方式。但从实际情况来看，这种方式并不能够达到完全清理的目的，无法从根源上发挥养护技术的优势。因此，在现今水泥混凝土路面养护中，可通过切割机锯切的方式，使用高压水对锯缝中存在的泥浆进行清理，然后更换锯片，最后再将接缝重刷一次。

（二）排水系统养护技术

在实际养护中应用排水系统养护技术，对提高路面养护水平极为有利。所以，在水泥混凝土路面养护中，应及时应用这一技术，使混凝土路面稳定性及质量得到有效提高。具体而言，公路本身具备排水系统，要求对路面排水设备实施定期检查，对于可能存在的隐患与已经发现的问题，应及时予以解决，使水泥混凝土路面平整度满足相关要求。

另外，为使路面游离水快速排出，应在稳定基层上配备相应的排水设施。除此之外，还应重视完善排水系统，在许多路段的横坡处都有问题隐藏其中，若不及时发现问题，很容易造成路面沉陷。

以路面结构排水来分析，对完成建设改造的路面来说，应设置边缘排水系统，把纵向排水设施以及横向排水设施设置到硬路肩与行车道的交接处。同时，为防止水流入分隔带，则应对分隔带采取封闭措施，以实现对水的有效隔离。

（三）抗滑性能恢复技术

这一技术主要应用于提高水泥混凝土路面的抗滑性，通常采用的方法为开挖沟槽以及化学处理技术。其中，前者有利于排除雨水，避免雨水的大量存积对路面的抗滑性产生影响。只有避免这些问题，才能保障车辆在路面上正常行驶，缩短制动距离，从而使因路滑而造成的车辆事故数量得到切实减少。而后者是将部分氟氢酸等物质洒在路面上，借助腐蚀效应，使水泥混凝土路面产生粗糙性，以达到路面抗滑目的，最终使水泥混凝土路面真正得到有效养护。

三、水泥混凝土路面维修技术

（一）混凝土路面的加铺

混凝土路面经过一段时间的使用之后，其行车轴载和轴次大大增加，可能会出现某些损坏，从而不能满足使用要求，因此要对其进行维护。为了使混凝土路面加铺设计符合实际，既能适应结构强度要求，又不造成浪费，对于旧混凝土路面强度特性和力学参数，应进行必要的测试和评定，以便获取旧混凝土路面的有关力学参数，包括基础回弹模量、混凝土面板的抗折强度和抗折弹性模量。旧混凝土路面的强度和模量的评定简称为强度评定。

加铺层与原路面层间结合形式的选择，与原路面板的完好状况、接缝类型和状况、路拱坡度，以及施工条件和造价有关。常用的结合形式有以下几种：

①结合式加铺层，适用于旧混凝土板完好，或虽有损坏业已修复，加铺层与原路面板路拱坡度一致的情况。在铺加铺层时，先将原面板表面凿毛，除掉碎屑，清洗干净，涂刷高分子黏结材料或掺有黏结剂的水泥浆，之后浇筑混凝土加铺层。加铺层筑缝与原面板接缝对齐，且缝的类型应相同。目前，修筑结合式加铺层费工费时，造价较高，限制了其在工程中的广泛应用。

②直接式加铺层，适用于旧混凝土面板完好，没有或只有少量裂缝，加铺层与原路面板路拱大体相同的情况。在施工时，将原面板表面清洗干净，直接在其上浇筑混凝土加铺层。加铺层接缝的位置和类型应与路面板一致。这种加铺层施工方便，造价不高，被工程单位大量采用。

③分离式加铺层，适用于旧混凝土面板裂缝较多的情况。在施工时，应将原面板上的碎屑杂物清扫干净，对严重损坏板块，查清原因，予以处理。在旧路面上铺沥青混凝土或油毛毡卷材，使之与加铺层分离。沥青混凝土常用沥青砂或细粒式沥青混凝土，厚2～3 cm。使用油毛毡1～2层，使其相接处至少搭接5 cm。加铺层的接缝宜与原面板接缝对齐，接缝类型可不相同。

当因纵坡调整或防冻要求在原混凝土路面板与加铺层之间设置较厚的隔离层时，可用沥青混凝土或水泥稳定粒料等材料修筑。

旧混凝土路面在铺设混凝土加铺层后成为双层混凝土路面，其力学模型属于弹性地基上的双层板。研究表明，可采用弹性地基上不同层间接触假设的双层弹性薄板理论来进行计算。同时，用等刚度原则将弹性地基双层板问题转换为弹性地基单层板问题来计算，合理而简便。这样，在进行混凝土加铺层设计时，就可应用现行混凝土路面设计规范的方法。

根据实验结果和以往经验可知，各种层间结合形式的混凝土加铺层，最小厚度可取为结合式 12 cm、直接式 14 cm、分离式 16 cm。

（二）混凝土路面的快速修补

混凝土路面一般都承担较繁重的交通运输任务，如果用普通混凝土材料修补，路面需要经过较长的养护期后才能开放交通，不能适应繁重的交通压力。为了应用快速修补技术，修补材料应具备以下性质：

①有快硬高强的特性，以便在较短的养护期内能满足开放通车的强度要求。由于快速修补材料初期强度提升较快，故混凝土的强度应达到设计强度的 70%，即抗折强度达 3 MPa 时可开放通车。

②初凝时间不少于 45 分钟，以利于施工操作。

③具有便于施工的和易性。

④与旧混凝土、砂浆有较高的黏结力，黏结抗折强度及黏结抗剪强度不低于修补材料自身强度的 50%。

⑤硬化过程中收缩幅度小，其干缩值宜小于 3‰。

⑥28 天龄期模量值与一般混凝土模量值接近。

⑦与旧混凝土颜色接近，以满足美观要求。

总而言之，在水泥混凝土路面养护维修研究中，应以水泥混凝土路面受损原因为出发点，对路面问题进行有效分析，以找出较好的处理方法，使问题得到有效解决。为使水泥混凝土路面使用寿命得到延长，应采用行之有效的养护及维修技术，最大限度地避免路面问题产生，从而使水泥混凝土路面的质量得到保证，以促进我国公路事业的可持续发展。

第六章 桥梁的养护管理

第一节 桥梁养护与维修的目的及意义

公路桥梁建设工程是城市基建的重要组成部分，公路桥梁的建设不仅能够满足人们的出行需求，而且它还是我国经济发展的重要基础。随着时间的推移，公路桥梁会在不断使用过程中出现各种各样的问题，在这种情况下，便需要根据公路桥梁的破旧状态，对其进行养护及维修施工。随着科技的日益进步，一些新兴材料和新技术不断地应用到公路桥梁的养护及维修施工中，进一步提高了公路桥梁的使用寿命和安全性。

在经过长时间的使用后，公路桥梁自身便可能会出现各种各样的问题，因此相关负责单位要时常根据使用情况对其进行养护及维修，从而解决公路桥梁存在的各种问题，这样才有利于进一步提高公路桥梁的安全性，从而更好地推动其功能作用的发挥。

作为建筑工程中较为重要的一种，桥梁工程的使用寿命比其他工程要短一些，这主要是因为桥梁在日常使用中受到的磨损都是比较严重的。一般情况下，公路桥梁的使用寿命都是较为短暂的，如若不能定期对其进行养护及维修处理，那便会使得公路桥梁的使用寿命进一步缩减，当到达一定年限或者公路桥梁自身质量出现严重问题后，便要对其进行停用处理。不过，如若能够根据公路桥梁的使用情况，经常性地对其进行养护及维修处理，便可使其使用寿命有所延长。

总而言之，公路桥梁的养护及维修施工是一件较为重要的事，对施工人员和施工技术的要求较高。在实际施工过程中，可能会出现各种各样的问题，随着新技术的不断出现，公路桥梁存在的问题将越来越容易解决。在未来的发展中，建筑施工相关行业应当根据现状，不断地进行公路桥梁养护及维修技术的研发工作，推动公路桥梁作用的进一步发挥。

第二节　桥梁检查、检测与技术状况评定

　　桥梁，一般指架设在江河湖海上，使车辆、行人等能顺利通行的构筑物。桥梁是公路的重要组成部分，桥梁的建设使车辆和行人的通行更加便捷。桥梁的发展与交通运输需求、交通工具的变革密不可分，交通运输行业的不断发展，对桥梁在承载能力、结构布局和跨越能力等方面提出新的要求，也推动了桥梁工程技术的发展。经济社会的发展、科学技术的进步，有力地促进了桥梁建设技术水平的提高，使之更好地适应交通运输的发展要求。

　　改革开放以来，随着经济社会的快速发展，中国交通基础设施建设高速发展，大批公路桥梁先后建设完成并投入运营。随着桥梁服役年限的不断增加，大批桥梁陆续进入养护维修期。桥梁养护工作不仅影响公路功能的发挥，更影响广大群众的生命财产安全和公共安全，事关民生安全和人民福祉。因此，公路桥梁的检查和养护工作意义重大，是公路可持续发展的重要保证。桥梁检查工作是维修养护的基础，是桥梁养护决策的重要依据。

一、桥梁检查

　　桥梁检查分为经常检查、定期检查和特殊检查。经常检查主要指对桥面设施、上部结构、下部结构及附属构造物的技术状况进行的检查；定期检查是对桥梁主体结构及其附属构造物的技术状况进行的全面检查，它为桥梁养护管理系统搜集结构技术状态的动态数据，为评定桥梁使用功能、制订管理养护计划提供基本数据；特殊检查是查清桥梁的病害原因、破损程度、承载能力、抗灾能力，确定桥梁技术状况的工作。

（一）经常性检查

　　桥梁经常性检查是检测养护体系中的第一步，其作用不言而喻。经常性检查是针对较明显缺陷的检查，主要是对桥区施工作业情况的检查和桥面系、交通标志、限载标志及其他附属设施等的外观情况进行的日常巡检。根据现行技术规范的规定，经常性检查

周期为每月至少 1 次，汛期增加检查频率。经常性检查的目的是确保桥梁结构功能的正常发挥，使结构能得到及时的养护和紧急处置，对需要检修的一些重大问题进行报告。

经常性检查由桥梁管养单位的桥梁养护工程师负责组织实施。桥梁养护工程师根据辖区桥梁数量、桥梁技术状况及经常检查频率要求，制订日常检查计划；桥梁养护工程师根据检查计划，安排检查人员及相应仪器设备，并负责对检查人员进行相关培训；检查人员要按照桥梁项目检查表，对待检桥梁逐项检查，记录相应缺损，并当场填写公路桥梁经常性检查记录表；桥梁养护工程师根据经常性检查资料，定期进行总结，制订保养维修计划，安排定期检查。

经常性检查以目测为主，宜辅以简单仪器。应现场填写"桥梁经常性检查记录表"，登记所检查桥梁的缺损类型、维修工程量，提出相应的养护措施。对严重的病害要详细描述，并留取影像资料。

（二）定期检查

定期检查的目的是为评定桥梁使用功能、制订养护计划提供基本数据，从而对桥梁主体结构及其附属构造物的技术状况进行全面检查，它为桥梁养护管理系统搜集结构技术状态的动态数据。

按规定周期，由实践经验丰富的专职桥梁养护工程师对桥梁主体结构及其附属构造物的技术状况进行全面检查。主要检查各部件的功能是否完善有效，构造是否合理耐用，发现需要大、中修或限制交通的桥梁缺损状况，同时检查小修保养状况。

定期检查方式以目测观察为主，辅以必要的测量仪器、望远镜、照相机、探查工具和现场用器材等设备，必须接近或进入各部件仔细检查其缺损状况，并在现场完成以下工作：

①现场校核桥梁基本数据，并填写"桥梁定期检查记录表"，记录各部件缺损状况并作出技术评分。

②实地判断缺损原因，确定维修范围及方式。

③对难以判断损坏原因和程度的部件，提出特殊检查（专门检验）的要求。

④对损坏严重、危及安全运行的危桥，提出暂时限制交通或改建的建议。

⑤根据桥梁的技术状况，确定下次检查时间。

定期检查的时间应符合下列规定：

①新建桥梁交付使用 1 年后，进行第一次全面检查。

②桥梁检查周期一般为 3 年，可视被检桥梁技术状况每 1～3 年检查一次。

③非永久性桥梁每年检查一次。

④根据下级桥梁养护工程师报告，如果在经常性检查中发现重要部（构）件缺损状况出现在三、四、五类桥梁上时，应立即安排一次检查。

定期检查工作应按规定程序进行。

桥梁定期检查后，应整理并提交检查文件，且应符合下列要求：

①桥梁定期检查数据表，当天检查的桥梁现场记录，应在次日整理填写好每座桥梁定期检查数据表。

②典型缺损和病害的照片及附录说明，主要说明缺损的部位、类型、性质、范围、数量和程度等，描述应采用专业标准术语。

③每座桥梁应有两张总体照片，一张为桥面正面照片，另一张为桥梁上游侧立面照片。桥梁改建后，应重新拍照一次。如果桥梁拓宽改造后，上、下游桥梁结构不一致，则还要有下游侧立面照片，并标注清楚。

④桥梁清单。

⑤桥梁基本状况卡片。定期检查完成后，应将本次检查的桥梁各部件技术状况评定结果，登记在桥梁基本状况卡片内。

⑥提出定期检查报告，应包括下列内容：

a.辖区内所有桥梁的保养小修情况。

b.需要大、中修或改善的桥梁计划，说明修理的项目、拟用修理方案、估计费用和实施时间。

c.需要进行特殊检查的桥梁的报告，说明检验的项目及理由。

d.需限制桥梁交通的建议报告。

（三）特殊检查

根据桥梁破损状况和性质，进行桥梁特殊检查，采用适当的仪器设备，以及现场勘探、试验等特殊手段和科学分析方法，查明桥梁病害原因、破损程度和承载能力，确定桥梁的技术状况，形成鉴定结论，以便采取相应的加固、改善措施。

桥梁特殊检查分为应急检查和专门检查。

1.应急检查

在桥梁遭受过洪水、流冰、船舶撞击、滑坡、地震、狂风等灾害之后，应立即对其结构进行详细检查，查明破损状况，采取应急措施，尽快恢复交通。

应急检查通常由地（市）级公路管理机构的专职桥梁养护工程师主持。

2.专门检查

在桥梁专门检查过程中，需要对公路桥梁结构部件的质量进行全面检测，了解其性能变化，看是否存在损坏问题，有必要采取相应检查、试验措施并做好相关分析，以了解桥梁性能是否存在问题。例如，在公路桥梁出现坍塌、结构损坏等破坏时，重视水毁问题，消除水毁影响。

二、桥梁检测

作为公路网建设当中的重要组成部分，桥梁整体的通行安全是确保公路路网安全的关键因素之一，因此需加强桥梁工程技术研究。在桥梁工程建设过程中，桥梁的损伤是多方面因素导致的，具体包括人为因素、自然灾害、行车荷载等方面的因素。

随着我国交通量越来越集中，超载车辆也变得越来越集中，其给桥梁造成的损伤越来越受到公路养护建设者的重视。桥梁一旦出现损伤，就要进行维修、改造或改建，所有维修、改造与改建都应以桥梁检测为基础。

三、桥梁检测技术分析

（一）桥梁表面性检查

所谓桥梁表面性检查，就是主要检查桥梁局部或者全部的表面，主要包含桥梁的长宽高、混凝土强度等级、混凝土碳化深度，以及通过目测桥梁主要结构病害等所观察到的表面性伤痕和数据，而此项检查只是针对没有受到严重损伤、主要结构没有出现重大损害的桥梁。桥梁表面性检查具有检查费用低、方式快捷有效等优点。但如果桥梁存在重大的隐性损伤，就会影响整个桥梁的使用期限，因为大多数桥梁表面性检测都是由检查人员根据经验来判断的，所以此检查技术仅适用于修建使用寿命较短、交通运输量小的桥梁。

（二）桥梁承载力检测

桥梁荷载试验是目前测定桥梁实际承载力的主要方法，分为静载试验和动载试验。

1.静载试验检测

通过静载试验，我们可以分析出桥梁在实际运营中的承载能力和状态，为桥梁检测提供依据；桥梁的目前寿命质量和运营荷载等级评定，可根据动载试验结果来确定。《公路养护技术规范》（JTG H10—2009）为桥梁的质量鉴定提供了依据，特别是对于采用新工艺、新材料、新结构的桥梁，需要检测其结构的实际承载能力，评价其主体质量。

静载检测主要是应用静载的方式，对桥梁结构工程的变形量、挠度、应变或者裂缝等相关参数进行检测。一般来讲，在静载检测的过程中，首先要对桥梁的钢材结构进行竖侧两向的挠度检测和扭转变形量的检测，每跨的测试点应该在 3 个以上；也要对桥梁截面的应力分布情况进行检测，尤其是要根据承载点的应力分布情况对应变状态进行分析；还要检测一下桥梁承载点的位移情况等，对未来会产生或者已经产生的裂缝区域进行全面检测。

2.动载试验检测

动载检测是测试桥梁工程运行状况和桥梁承载力的重要指标，也是检测桥梁工程结构的承受动力荷载的性能指标。如果桥梁结构出现损伤，那么整个桥梁工程结构的强度、刚度等参数也会随之发生变化。基于此原理，我们可以通过构建桥梁工程震动动态模式，为评价桥梁结构损伤提供重要的量化参数依据，然后与桥梁工程结构稳定阶段的参数进行比较，进一步测定桥梁结构的损伤点、损伤类型和损伤点的扩散情况。

（三）桥梁检测技术的发展

1.准确把握技术发展趋势

如今，桥梁工程界主要在桥梁的安全性、耐久性和桥梁的使用功能方面面临挑战。由于对桥梁结构的要求和长期使用的性能要求在逐步提高，因此关于桥梁的检测或者监测及其相关的损害判断与分析技术的研究，也出现了新的趋势，主要体现在深入化、集成化、标准化和智能化四方面。

（1）深入化，桥梁结构损伤机理研究将从短期到长期、微观到宏观、单因素到多因素逐步耦合发展。

（2）集成化，无损检测、维修和保养的小型化、专业化和一体化变得越来越重要，在 BIM（建筑信息模型）上，将设计、施工、检测、监测、维护和维修的信息进行集成、融合处理。

（3）标准化，要使检测、监测、维护和质量评定的方法标准化，还要使数据互联互通的信息标准化。

（4）智能化，随着对机理的研究越来越深入，以及云计算、海量数据分析和机器学习等技术的发展，桥梁养护智能化研究备受关注，人们通过智能化技术，能够对桥梁结构的病害进行早期识别。

2.实现重点技术突破

（1）无损伤检测技术

传统的桥梁检测工作，是检测人员在以目测和动静荷载实验为基础的前提下，对桥梁损伤进行的多种辅助手段的检测。早在 1990 年，桥梁无损伤检测就伴随着遥感技术和通信技术的日益发展，而展现出了朝着智能、快捷、系统化方向发展的势头，尤其是振动实验模态分析技术的研发，为桥梁检测开辟了新的发展方向。

（2）无损伤识别技术

①小波损失识别法。通过小波的反射和传导出的特征因子，来判断桥梁结构损伤的部位和程度。

②神经网络损伤识别法。利用无损伤系统的振动数据所形成的数据网络，使用数学方法来确定出相关参数后，输入数据。如果输入的数据是正确的，那么系统将不会发生任何变化，这证明网络数据与系统数据是一样的。反之，则证明整个桥梁结构存在损伤，需要及时维护。

第三节 桥面的养护与维修

一、桥面铺装层的养护与维修

（一）桥面铺装层的种类及其构造

桥面铺装是车轮直接作用的部分，它主要有三个功能：防止车辆轮胎或履带直接磨耗桥面板、保护主梁免受雨水侵蚀、分散车轮的集中荷载。因此，桥面铺装质量直接影响行车的舒适性、畅通性与安全性，必须认真做好桥面铺装层的日常养护工作。

目前，桥面铺装常用形式主要有沥青混凝土铺装和水泥混凝土铺装。随着科学技术的发展，最近几年还出现了钢纤维混凝土铺装、改性沥青铺装与 SMA（stone mastic asphalt，沥青玛蹄脂碎石混合料）铺装层（如武汉白沙洲长江大桥、武汉军山长江大桥）。

1.沥青铺装层的构造

如图 6-1 所示，从上到下，它主要由沥青混凝土、带钢筋网的混凝土保护层等部分组成。

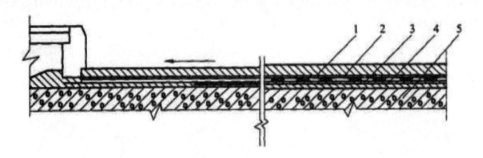

1：沥青混凝土厚 5～8 cm；2：带钢筋网的混凝土保护层厚 3～5 cm；

3：防水层厚 1～2 cm；4：三角形垫层；5：钢筋混凝土桥面板

图 6-1　沥青混凝土桥面铺装

2.水泥混凝土铺装层的构造

如图 6-2 所示，它主要由水泥混凝土、钢筋网、防水层等几部分组成。

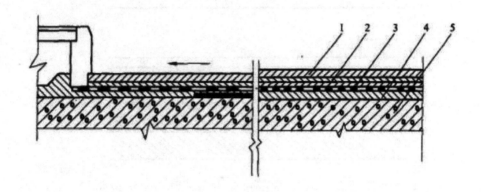

1：水泥混凝土厚 6～8 cm；2：钢筋网；3：防水层厚 1～2 cm；

4：三角形垫层；5：钢筋混凝土桥面板

图 6-2 水泥混凝土桥面铺装

3.钢纤维混凝土铺装层的构造

它主要由钢纤维混凝土、钢筋网、防水层、混凝土整平层等几部分组成。

4.改性沥青与 SMA 铺装层的构造

常用的改性沥青可分为两类：一类是合成橡胶类，另一类是塑性体类。SMA 是一种由沥青、纤维稳定剂、矿粉及少量的细集料组成的沥青玛蹄脂填充间断级配的粗集料骨架间隙而形成的沥青混合料。

以钢桥面铺装为例来说明其构造。如图 6-3 所示，从上到下它主要由铺装层上面层、黏层油、铺装层下面层、黏层油、防水层、黏结层、钢板防锈层等几部分组成。其中最重要的是铺装层、防水层和钢板防锈层。黏层油和黏结层不是独立的层次。

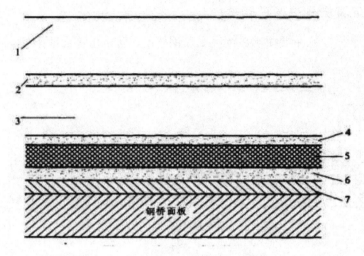

1：铺装层上面层；2，4：黏层油；3：铺装层下面层；5：防水层；

6：黏结层；7：钢板防锈层

图 6-3　钢桥面铺装的组成

（二）桥面铺装层的常见缺陷及成因

桥面铺装层直接承受车轮荷载的作用，经受车轮的撞击，所以易产生各种缺陷。常见缺陷主要有：表面松散，磨耗，露骨，纵、横向出现裂缝，等等。

1.沥青铺装层常见缺陷及成因

沥青铺装层的常见缺陷有沉陷、纵裂、龟裂、车辙、推移、波浪、拥包、收缩裂缝、老化开裂、磨耗、松散、泛油等。

其主要缺陷的分类及产生原因见表 6-1。

表 6-1　沥青铺装层常见缺陷分类及产生原因

缺陷分类		主要产生原因及说明
局部裂缝	纵裂、横裂、龟裂	施工不当，基层的裂缝反射
	老化开裂	沥青材质不良
	收缩裂缝	由材料收缩引起的温度应力超过了材料的抗拉强度，是寒冷地区的一种常见缺陷

缺陷分类		主要产生原因及说明
变形	车辙（推移波浪）	铺装层的各层在汽车荷载重复作用下进一步压实和沥青层中材料的侧向位移而形成的永久变形。热稳定性差的面层材料，侧移下沉现象严重，即车辙明显
磨耗	磨光剥落松散坑槽	面层混合材料不良，主要是石料抗磨耗性能不好、石料与沥青的黏附力不良、碾压不足等。在雨天，在光滑桥面铺装层上高速行驶的汽车轮胎与地面之间易形成水膜，造成汽车的"水漂"，因此必须注意提高路面的抗滑性能

2.水泥混凝土铺装层常见缺陷及成因

常见缺陷主要有表面裂缝、表面磨耗、露骨、坑槽等。其中，裂缝最为常见。

（1）大面积裂缝

大面积裂缝一般呈均匀分布的龟状细裂缝，通常是在水泥混凝土板铺装过程中，因表面整修收水不当、气温较高、养护不周等，导致混凝土板表面因失水过快而引起的表面收缩裂缝，这种裂缝一般只深入混凝土表面几毫米，不会随时间的延长而发展。

另外，由于混凝土材料具有不稳定性，如果采用的材料产生了碱集料反应等，也会引起铺装层大面积开裂，裂缝呈不规则状态，有些会引起翘曲现象等。

（2）局部裂缝

局部裂缝一般分施工时产生的初期裂缝和使用后产生的纵横向裂缝、板角裂缝及结构附近裂缝等几种。

初期裂缝的产生，一般是在水泥混凝土硬化过程中，由表面砂浆沉降开裂及早期混凝土塑性收缩而导致的，其长度一般为数厘米到数十厘米。

纵横方向和板角处的裂缝均为贯通裂缝。

3.钢纤维混凝土铺装层常见缺陷及成因

常见缺陷主要有表面龟裂（网裂、纵裂、横裂）、脱皮或局部破损露骨和表面磨损等。桥面排水不畅对钢纤维混凝土面层的整体性也有影响。

4.改性沥青与SMA桥面铺装层常见缺陷及成因

改性沥青与SMA是桥面铺装层采用的一种新型材料，是为解决沥青混凝土路面的车辙问题而发展起来的，20世纪末，我国开始将其用作桥面铺装材料，由于使用时间短，至今尚未发现重大缺陷。但值得注意的是，1997年，该材料首次应用于广东省虎门大桥钢桥面铺装时，由于级配不合适等，在1997年夏季高温季节，桥面出现了过大的车辙和横向变形。最近，国内其他钢桥也有类似缺陷出现。

（三）桥面铺装层的养护维修

每日应对桥面铺装层进行清扫，桥面不得有污物及过往行人、车辆丢弃的杂物，以保持干净的工作状态。同时，还应加强检查与养护，如检查行车道和铺装层下的泄水孔的排水效果，使其保持排水畅通，雨量大时，应注意观察桥面有无积水。

1.沥青铺装层的养护维修

对于沥青铺装层，应观察其是否平整，有无跳车现象；是否有龟裂，是否有松散、露骨，即桥面是否呈现锯齿状的粗糙状态；是否有车辙、推移、波浪等现象。一经发现，应视其病害情况，及时进行相应的修补和整治。

（1）裂缝的养护维修

沥青铺装层的裂缝有多种形式，应根据裂缝产生的不同情况，采取相应的养护措施。

（2）车辙的养护维修

一般可采用沥青混合料覆盖车辙，并加铺沥青混合料薄层罩面。如条件许可，可用加热切割法（使用铣刨机或加热切削整平机）铣刨或切削，然后参照沉陷处理的方法，进行车辙部分维修。

（3）坑槽的养护维修

对于补坑所用沥青混合料，可以采用加热拌和式和常温拌和式两种。常温拌和式材料能够贮藏、袋装，便于搬运以及冬季施工作业，但是常温材料修补桥面坑槽的耐久性一般较差，仅作为临时修补使用。

2.水泥混凝土铺装层的养护维修

对水泥混凝土铺装层，应观察其是否平整、是否有裂缝、是否有露骨等现象。其中，最关键的是观察其是否有大面积裂缝或局部裂缝（错台）。

（1）板块断裂的维修

当损坏分布全桥面板时，可用多个风镐将旧板凿碎并清除，再根据通车期限要求，选用合适的材料浇制板块、抹面、压纹或拉槽，养护灌缝；如为局部损坏，则画线凿除或用锯缝机配合在上口锯除损坏部分（包括边缘松动部分），将接缝处清除干净，必要时，还应刷上水泥或其他黏结剂，并立即用适宜的修补材料予以修补，其表面压纹或拉毛尽量与原板块相同。为了提高新旧混凝土结合度，需在接缝处再加耙钉或锚筋。认真恢复其原有纵横缝，必要时，应加深其上部锯缝深度。如损坏处布有钢筋，尽可能不要弄断，当不得已切断、经论证分析认为应恢复时，必须接好。

（2）裂缝的修补

①压注灌桩法。对于宽度在 0.5 mm 以下的非扩展性的表面裂缝，可采取压注灌浆法。灌注材料为环氧树脂或其他黏结材料。

②扩缝灌浆法。当局部性裂缝的缝口较宽时，可采取扩缝灌浆法。灌注材料为聚合物混凝土或其他新型快硬高强材料。

③条带罩面法。对于贯穿全厚层的开裂状裂缝，宜采取条带罩面法进行修补。

④表面龟裂的治理。对于表面裂缝，可把裂缝集中划为一个施工面，将所有裂缝四周松动部分切割成一块深 20 cm 的凹槽，把混凝土碎屑吹刷干净，灌筑早强混凝土，喷洒养护剂，并养护到设计强度。

（3）孔洞、坑槽的维修

孔洞、坑槽的形成主要是因为混凝土材料中夹带松木、纸张和泥块等杂物，它们会影响行车的舒适性。其修补方法如下：

①先将孔洞凿成形状规则的直壁坑槽。

②用钢丝刷清除掉损坏处的尘土、碎屑。

③用压缩空气吹干净。

④用快硬砂浆或早强混凝土进行填补。

⑤喷洒养护剂进行养护。

（4）混凝土铺装层的局部修补

对于铺装层的边或角的破损，可采用局部修补的方法维修。

3.钢纤维混凝土铺装层的养护维修

应经常观察铺装层表面是否平整、是否有龟裂，表面是否脱皮或局部是否破损，表面是否呈平滑状态。还应观察铺装层下的排水效果，一旦铺装层下积水，会影响铺装层的使用寿命。

对于钢纤维混凝土桥面，如发现有纵缝、横缝或网缝，要及时修补；对于宽度＜0.2 mm 的缝，可用环氧树脂胶泥封闭；对于宽度≥0.2 mm 的缝，可用环氧树脂浆液压力灌浆。

如果钢纤维混凝土桥面局部损坏严重，可将损坏严重的部分凿除后重新铺装；如果严重损坏的面积大，从长远考虑，可将桥面改为改性沥青混凝土桥面。

4.改性沥青混凝土铺装层的养护维修

（1）检查桥面铺装层是否有坑槽、纵裂、横裂、网裂、车辙、松散、不平、磨耗，以及是否有桥头跳车现象等。这些检查一般由目测即可完成，桥面的平整情况则可借助板尺等简单工具进行测量。

当检查出桥面铺装层病害后，应针对不同病害，分别采取不同的养护维修措施。

（2）针对因沥青材料性能不良、老化或桥面板本身出现损坏而引起的沥青混凝土桥面铺装层裂缝，可以采取多种养护维修形式。对于纵裂、横裂或网裂等形式，可根据裂缝产生的不同原因，采取相应的措施。通常的做法是，将已损坏的沥青混凝土凿除，按工艺要求重新铺沥青混凝土。

（3）修补坑槽应仍用改性沥青混凝土。修补作业的具体做法如下：

①用切割机垂直切除坑槽四边损坏部分，并将切割下来的松散的残渣清除干净。

②切割完毕后，在坑槽四壁，即在修补范围内涂刷黏结剂。

③摊铺改性沥青混凝土。

④整平、压实修补处。

二、桥面伸缩缝的养护与维修

（一）桥面伸缩缝的种类及构造

1.伸缩缝的常见缺陷

桥面伸缩缝由于设置在梁端构造薄弱部位，直接承受车辆反复荷载的作用，又大多暴露于大自然中，受到各种自然因素的影响，因此可以说是易损坏、难修补的部位，经常发生各种不同程度的缺陷。

伸缩缝的常见缺陷根据采用形式的不同而有所区别，现分述如下：

（1）镀锌铁皮伸缩缝使用多年后均有损坏现象，其形式包括以下几点：

①软性防水材料，如沥青砂或聚氯乙烯胶泥等老化、脱落。

②伸缩缝凹槽填入其他硬物，不能自由变形。

③铸铁皮上压填的铺装层，如水泥混凝土或沥青混凝土等断裂、剥离。

④在伸缩缝上，后铺压填部分发生沉陷，高低不平。

⑤由于墩（台）下沉出现异常的伸缩，在车辆行驶时出现冲击及噪声。

（2）钢板伸缩缝（包括梳型钢板伸缩缝）的常见缺陷有以下几点：

①角钢与钢筋混凝土锚固不牢，使钢板松动，在车辆行驶时受到冲击振动，加重破损程度。

②缝内塞进石块或铁夹物，使伸缩缝接头活动异常，不能自由变形。

③排水管发生破坏损伤或被淤泥堵塞。

④表面钢板焊接部位破坏损伤。

⑤梳型钢板伸缩缝在梳齿与承托板的焊接处出现裂缝，更严重者出现剪断现象。

2.伸缩缝产生缺陷的原因

伸缩缝产生缺陷的原因是多方面的，主要原因有以下几点：

（1）交通量方面的原因

随着重型车辆数量的不断增加，车辆的冲击作用明显变大，因此在设计、施工方面稍有缺陷，就容易造成破坏。

（2）设计方面的原因

①有些桥梁结构，其桥面板的刚度不足，当桥面板受到汽车荷载作用时，因翼板较薄，横向联系较弱，桥面板就会变形过大。

②很多设计是将伸缩装置的锚固件置于桥面铺装层中，与主梁（板）连接的部分很少，这些锚固方法在荷载作用下容易造成开焊、脱落，并且力的分布不容易传递，微小的变形就可能演变成大的位移，最终导致混凝土黏结力失效。

③伸缩量计算不准确，没有考虑实际温度对伸缩装置的影响等，当伸缩装置本身无法或很难调整初始位移量，以适应安装温度对位移的要求时，选型不当是造成伸缩装置破坏的重要原因。

④在设计上，未对伸缩装置两侧的后浇混凝土和铺装层材料选择、配合比、密实度和强度提出严格要求或规定。

⑤对于大跨桥、斜桥、弯桥的设计，没有形成与一般的梁（板）结构相符合的构造形式和锚固方法。

⑥使用黏结材料、橡胶材料等新形式的伸缩装置，错误地选定构造和材料，且防水、

排水设施不完善，由于漏水、溢水，锚固件受腐蚀，梁端和支座侵蚀严重，多成为破坏的原因。

（3）施工方面的原因

①对桥梁伸缩缝装置施工工艺要求重视程度不够，未能严格按照施工工艺标准和安装工序进行施工。

②锚固件焊接质量不能得到保证，只注意表面，而忽视内部质量是否达到标准要求。

③后浇混凝土（或其他填充料）浇筑不密实，达不到设计的强度要求，时常出现蜂窝、空洞等，难以承受车辆荷载的强烈冲击。

④由于赶工期，忽视了伸缩装置的施工质量，甚至不按设计图纸要求施工，是现阶段造成伸缩装置破坏的重要原因之一。

⑤伸缩装置两侧混凝土和沥青混凝土铺装层结合不好，碾压不密实，形成两张皮，容易产生开裂、脱落，最终引起伸缩装置破坏。

⑥缺乏统一的质量验收标准。

（4）管理维护方面的原因

①平常未能及时、认真地清扫伸缩装置周围的沙土、杂物，使原设计的伸缩量不能保证。

②原有桥梁逐渐老化，维修不及时，因此破坏不断扩展。

③桥梁超载情况得不到有效控制，特别是在夜间缺乏管理，车辆不按规定行驶，超载车辆自行上桥，常常影响桥梁伸缩装置的有效性和耐久性。

（二）伸缩缝的养护维修

桥面伸缩缝是最容易遭到破坏而又相对难以加强和修复的部位。小破损如果得不到重视，势必会发展成严重的破坏，进而严重影响交通，甚至会危及行车安全。所以，注意做好经常性检查、养护等工作，及时进行修补，是非常重要的一项工作。

1.伸缩缝的日常检查

有计划、有组织地做好经常性的检查工作，可以尽早避免因小的损坏而导致的大破坏。日常检查工作主要包括如下：伸缩缝是否堵塞、挤死、失效；各部分构件是否完好；锚固连接是否牢固，连接件是否松动；有无局部破损；密封橡胶带是否老化、失去弹性、异常变形或开裂；伸缩缝是否有不正常的响声或异常的伸缩量；伸缩缝各基本单元间隙是否均匀；钢构件是否锈蚀、变形；伸缩缝处是否平整，有无跳车现象等。

为便于养护维修，应做好检查记录，建立检查记录档案。

2.伸缩缝的养护

要注意经常对桥面伸缩缝进行养护，使其正常发挥作用。其日常养护工作的主要内容如下：

（1）清除碎石、泥土杂物；拧紧螺栓，并加油保护；修理个别损坏部分等，使其发挥正常作用。若出现损坏或功能失效等现象，要及时修理或更换。

（2）早期使用的伸缩缝主要有以下几种类型，应经常检查其使用情况并及时进行更换：

①U 形锌铁皮伸缩缝。要防止杂物嵌入，若锌铁皮老化、开裂、断裂，应拆除伸缩缝并用新型伸缩缝进行替换。

②钢板伸缩缝或钢梳齿板伸缩缝。应及时清除梳齿的杂物，拧紧连接螺栓。若钢板变形、螺栓脱落、伸缩不能正常进行，应及时拆除更换。

③橡胶条伸缩缝。若橡胶条老化、脱落，固定角钢变形、松动，则应及时拆除更换。

④板式橡胶伸缩缝。若橡胶板老化、预埋螺栓松脱、伸缩失效，则应及时更换。

3.伸缩缝的维修

（1）维修前应查明原因，采用行之有效、与之相适应的修补方法。修补工作要依据缺陷的程度，或部分修补，或部分甚至全部更换。

（2）当锌铁皮伸缩缝软性填料因老化而发生脱落时，在充分扫清原缝泥土后，重新注入新的填缝料。当铺装层遭到破坏时，要凿除，并重新铺筑。凿除破损部位要画线切割（或竖凿），清扫旧料后再铺筑新面层。当采用混凝土浇筑时，要采用快硬水泥，并注意新旧接缝要保持平整，对铺筑部分要进行初期养护。

（3）对于钢板伸缩缝，当钢板与角钢焊接破裂时，应清除垢秽后重新焊牢；当梳齿断裂或出现裂缝后，要采取焊接方法进行修补。排水沟堵塞后，应及时予以清除。

（4）桥面伸缩缝的修补或更换工作大都不会阻断交通，因此通常可考虑限制车辆通行，半边施工、半边通行车辆；或白天使用盖板，夜间施工时禁止通行；或白天使用盖板，夜间限制车辆通行。总之，均要注意抓紧时间，尽量缩短工期，且保证修补质量。

（5）在更换伸缩缝时，要选用合理的类型，以适应桥跨结构由于温度变化，混凝土收缩、徐变等引起的变形，使行车平稳。对于中小跨径桥梁，当位移量小于 80 mm 时，可选用浅埋式单缘型钢伸缩缝或弹塑体伸缩缝；当位移小于 50 mm 时，可选用弹塑体填充式伸缩缝；对于大位移量桥跨结构，可选用结构性能好的大位移组合伸缩缝（如毛勒伸缩缝）。

三、桥面排水设施的养护维修

（一）桥面排水设施的设置概况及要求

为了迅速排除桥面积水，防止雨水滞留在桥面并渗入梁体而影响桥梁结构的耐久性，需要在桥梁上设置一套完整的排水系统，并经常进行养护维修，使其处于正常状态。

桥面排水设施主要包括桥面纵横坡和一定数量的泄水管等。

通常，当桥面纵坡大于 2% 而桥长小于 50 m 时，一般能保证雨水从桥头引道上排出，桥上就可以不设泄水管。此时，可在引道两侧设置流水槽，以免雨水冲刷引道路基。

当桥面纵坡大于 2% 而桥长大于 50 m 时，为防止雨水积滞，桥面就要设置泄水管，每隔桥长 12～15 m 设置一个。

当桥面纵坡小于 2% 时，泄水管就要设置得更密一些，一般每隔桥长 6～8 m 设置一个。泄水管的过水面积通常按每平方米桥面上不少于 2～3 cm² 来布置。泄水管可沿车行道两侧呈左右对称排列，也可交错排列。泄水管距离缘石 10～50 cm。

桥梁上常用的泄水管有竖向泄水管道、横向泄水管道和封闭式泄水管道等。制造泄水管道的材料一般为铸铁、钢、钢筋混凝土，以及塑料等。当桥长较短时，纵向排水管的出水口可以设在桥梁两端的桥台处；对于长大桥，除了在桥台处设置出水口外，还要在某些桥墩处布置出水口，并利用竖向管道将水引到地面。纵向排水管道一般可设在箱梁中或梁肋内侧；竖向排水管道应尽可能布置在墩（台）壁的预留槽中，或布置在桥墩（台）内部预留的孔道中。

（二）桥面排水设施的常见缺陷及其养护维修

桥面是供车辆行驶的部位，当桥面因排水不畅或排水设施破坏而形成障碍时，应尽快处理，以保证车辆的正常通行。

桥面排水设施的常见缺陷有桥面积水管、泄水管堵塞，泄水管被截断导致水流方向改变等。对于钢筋混凝土桥梁，桥面积水将使雨水渗入混凝土的细小裂纹中，会使混凝土产生破坏而缩短使用寿命，水分还会使钢筋锈蚀；对于钢桥，桥面积水将会加速对梁体表面的侵蚀，使钢梁表面锈蚀。

1.排水设施的检查

应经常检查桥面是否有坑槽，是否有积水。泄水管是桥面排水的重要设施，应经常检查泄水管是否完好、畅通；泄水管的盖板是否损坏、丢失，管口是否被杂草或石块堵塞；管体有无脱落，管口处有无杂物堆积，出水口是否畅通；桥头排水功能是否完好等。

2.排水设施的养护

（1）桥面要经常清扫，以保持整洁。桥面不得出现凹凸不平的坑槽，如发现桥面有坑槽，应及时修补，避免积水。

（2）应及时清除泄水管盖板上的杂物，避免杂物掉入管内堵塞管道而影响排水。

（3）若发现泄水管出水口处有杂物堆积，应及时清除掉。

（4）应经常疏通泄水管。

（5）当发现泄水管损坏时，要及时修补。对于接头已经掉落的，要重新安装、接上；对于损坏严重的，要予以更换。

四、栏杆及防撞护栏的养护维修

（一）栏杆及防撞护栏的设置概况与要求

桥梁的栏杆或护栏是桥梁上的一种安全设施，除了浸水桥或与路基同宽的小桥涵外，在公路与城市公路的桥梁上均需设置栏杆或护栏。栏杆给行人和车辆以视觉上的安全感，可以保障行人的安全，但不能抵挡机动车辆的冲撞；护栏既能保障行人的安全，又能抵挡车辆的冲撞，使车辆不致冲出桥外。护栏适用于高速公路或汽车专用公路上的桥梁，它应具有一定的强度，坚实而牢固。不过，从行人安全的角度来讲，采用具有柔性而又牢固的护栏更为理想。

1.桥面栏杆的设置

桥梁的栏杆作为一种安全防护设施，是桥梁上部结构一个不可缺少的组成部分。同时，从艺术的角度来看，栏杆又是美化桥梁的一种装饰品。栏杆是人们能直接接触的，当一座桥梁的栏杆是美观、新颖、完好无缺的，并能体现民族风格和时代特色时，桥梁将会更加完美，交通的安全感和舒适感也会得到提高。

公路上的钢筋混凝土梁式桥上所采用的多为钢筋混凝土装配式栏杆，最简单的栏杆由栏杆柱和扶手组成，复杂的栏杆则在栏杆柱与扶手间设有一定艺术造型的花板。

在城市桥梁或市政桥梁上，为便于行人在夜间通行，往往在栏杆柱上（或人行道内侧）设立灯柱。灯柱通常由钢筋混凝土制成，也可用钢管制成。

对于一些重要的城市桥梁或特大桥梁，有时也采用金属栏杆，由于金属栏杆易于制成各种图案和铸成富有艺术性的花板，因此可设计得更富有艺术性。但由于金属栏杆使用的金属材料数量较大，且要经常进行油漆养护，因而一般只在特殊情况下使用。

2.防撞护栏的设置

一般情况下，桥梁外侧的危险程度明显高于公路。车辆越出桥，会造成车毁人亡的重大恶性事故，等级越高的公路，其车速越高，车辆越出桥的事故严重程度就越大。因此，对于高速公路、一级公路等高等级公路上的特大桥、大桥和中桥，均应无条件地设置桥梁护栏。一般来讲，在条件许可的情况下，公路的特大桥、大桥和中桥也应设置桥梁护栏。

由于高速公路、一级公路上的小桥、涵洞的跨径较短，所设桥梁护栏本身不能满足护栏最短长度的规定要求，例如与两头路线上的护栏形式不一，破坏了护栏整体的连续性，既不协调，又不美观，因而在不降低桥涵区段安全性的前提下，小桥、涵洞的护栏可按路段护栏的要求设置。

在有人行道的桥梁上，虽然路缘起到了防止车辆跌落桥下的作用，但难免会有车辆碰撞行人和非机动车辆的严重事故发生。因此，为保护行人和非机动车辆，同时把机动车与非机动车在平面上分隔开，提高车辆与行人的安全，应按实际需要，在人行道和行车道分界处设置汽车行人分隔护栏。

对于每一防撞等级的桥梁护栏，都应避免在相应设计条件下失控车辆越出。在选择桥梁护栏时，首先应确定其防撞等级，然后再进行构造形式的选择，而构造形式的选择又要综合考虑公路等级、桥梁护栏外侧危险物的特征、美观性和经济性、养护维修等。

（二）栏杆及防撞护栏常见缺陷和损伤

桥梁的栏杆及防撞护栏都是桥面上的安全防护设施，常年暴露在自然环境中，加之受人为作用或车辆的撞击作用，容易出现各种各样的缺陷或损伤。其中，常见的缺陷主要有以下几种：

①撞坏。多数是在交通事故中由车辆冲撞所致，也有的是在车辆运输超宽物件时不

慎被碰坏导致的。

②缺损。缺乏养护管理，被人偷拆，或者金属、木料栏杆遭到锈蚀、腐烂破坏，造成个别部件缺损。

③裂缝。钢筋混凝土栏杆长期外露，混凝土表面常因水分浸入、钢筋锈胀，而使构件产生裂缝，混凝土保护层出现损坏、剥离、脱落等现象。

④变形过大。金属栏杆或护栏的部件虽未出现破坏或缺损，但变形过大，如立柱局部变形、钢质波形板变形过大等。

⑤腐蚀。金属栏杆或护栏一旦油漆脱落，而又长期未被重新涂刷，将会受到自然环境的侵蚀。

（三）具体的养护维修措施

为了保证行人和车辆的安全，栏杆、护栏必须始终处于完好状态，如有撞坏、缺损、裂纹、变形或腐蚀，应迅速采取相应的措施进行修复。

桥梁的栏杆、护栏损坏虽然不妨碍交通，但会丑化桥容，影响交通安全。因此，要及时修理损坏的桥梁栏杆，也要加强对栏杆的养护工作，使桥梁栏杆保持完好状态。如已撞坏，要及时重新安装；如有缺损，应及时补齐；如发现钢筋混凝土栏杆出现裂缝等，轻者可用环氧树脂黏结材料灌注封缝修补，严重者要凿除损坏部分，重新修补完整；金属栏杆要经常刷漆养护，如发现油漆有麻点、脱皮，应重新刷漆；桥头端柱和导向柱的油漆要鲜明，以起到导向和允许通车或暂停通车的作用。

五、桥面照明系统的养护维修

（一）桥面照明的技术要求

桥梁照明应属公路照明系统，照明设施应做到维修方便、照明度适当，灯具需美观大方，使行车安全舒适，景观悦目。

对于特大型桥梁的照明，要进行专门设计，既要满足照明功能要求，又要顾及艺术效果，做到与大桥的风格相协调。

对于大型、中型桥梁的照明，应与其连接的公路一致，若桥面的宽度小于与其连接的公路的路面宽度，则桥的栏杆、人行道缘石要有足够的亮度，在桥的入口处应设灯光照明或反光标志，以保证行车安全。

桥梁照明要限制眩光：一是避免给正在桥头引道上或与桥位相邻的公路上的行车者造成眩光；二是当桥下有船只通航时，避免给船上的领航员造成眩光。为此，在必要时，应采用严格控光灯具，有时在灯具内装上专用的挡光板或格栅。

桥面照明方式主要采用灯杆照明，有时也有栏杆照明。

桥面照明的技术指标通常是亮度、照度、眩光限制和诱导性四项指标。其中，亮度、照度、眩光都与光通量、发光强度有关。

（二）保证桥面照明完好的重要性

桥面照明是桥梁工程中的重要组成部分之一，照明条件的好坏，直接影响夜间桥面的行车速度及交通事故潜在发生率。

桥面设置照明的主要目的，是使车辆在不使用前大灯的条件下，也能够看清前方桥面（或公路路面）形状、周围交通情况，并能够及时认清前方障碍及各类标志等。因此，良好的照明条件不仅可以提高行车速度，提高桥面的利用率，而且可以减轻或消除驾驶员的紧张与不安情绪。对于城市桥梁，除了考虑行车安全需要而设置的正常照明外，还要设置供夜间观赏的立面照明。这种照明会产生较强的艺术效果，所以显得尤为重要。

（三）桥梁照明系统的养护维修

桥面照明系统在桥面系统中处于非常重要的位置，所以必须对其进行检查、养护及必要的维修。

检查是养护和维修的重要依据，所以检查工作要形成制度，由专人认真执行，并做好检查记录，记录要有专用的格式。通常，检查可分为日常检查、定期检查和特殊检查。日常检查主要是对照明系统的状况等进行日常的巡视检查，便于及时发现问题并进行小修保养；定期检查主要是采用仪器设备，对桥面照明系统的技术状况，每隔一段时间就进行一次较详细的检查工作；特殊检查是指桥面照明系统遭受自然灾害的损坏，或在定期检查中难以判明原因时，进行的检查。

照明系统的检查主要包括如下方面：照明系统设施是否完好并处于正常工作状态；电压是否稳定；灯光亮度及照明效果是否正常；特殊部位、相关场所的平均亮度，照明的色显、照度等是否正常；配电房内的变压器、配电盘及开关的工作状态是否正常等。为了使桥面照明系统能正常工作，必须保证桥面所有照明设施处于良好状态，如有损坏或不正常状况，应及时进行维修和更换，确保夜间桥上行车的安全。

当照明灯泡损坏时，应及时更换；当灯柱锈蚀时，应及时除锈；当灯柱残缺不齐时，应补齐；当金属灯柱的镀铸层有脱落时，应及时补镀；当标志不正或脱落时，应扶正并固定或重新更换；当照明线路因老化而断路或短路时，应及时更换。

六、桥上交通标志和标线的养护维修

桥梁是公路的重要组成部分，所以桥上交通标志和标线属于公路交通标志标线的范畴。桥上交通标志和标线是桥上交通使用的说明书，是一种无声的语言，是保证行车畅通、有序、安全的重要设施，还是桥面的装饰工程、形象工程和美化工程。

交通标志是用图案、符号或文字，对通过桥梁的行人和驾驶员（连同车辆）等交通参与者，进行指示、导向、警告、控制和限定的一种交通管理设施，能够使这些交通参与者获得确切的交通情报，从而达到交通的安全、迅速、低公害与节约能源的目的。

交通标线是由颜色不同、种类不同的路面（包括桥面）标线、箭头、文字、立面标记、突起路标和道桥边线轮廓标等构成的交通安全设施，其主要作用是管制和引导交通，因此又被称为交通安全控制设施。

交通标线可以与交通标志配合使用，也可以单独使用，其具有法律的性质，在交通管理中占有重要地位。

交通标志和标线是依据交通法规及国家有关标准制定的，是交通法规的具体体现，具有非常重要的作用。为确保标志和标线的正确性，必须经常对其进行检查，检查所有标志是否齐全、完好，所有标线是否清晰。巡视检查人员若在检查中发现标志、标线遭到损坏或污染，应记录下来，并及时反映给桥梁管理有关部门或有关领导。

只有全面了解标志、标线的现状，才能采取有效的措施进行养护与维修。为此，桥上交通标志和标线要经常保持明显、清晰，以确保行车安全。标志牌架要保持清洁，做好油漆防腐工作，保证设施完好、结构安全。当交通条件有变化时，应进行相应的变更和增补。标线应结合日常养护，经常清扫或冲洗。当发现因剥落、污染、磨损而影响识别性能的标线占该路段中总标线的一半以上时，应进行重画；对于局部损坏的，则进行修补，同时要注意避免与原标线错位。

第四节　桥梁支座的养护与维修

一、桥梁支座的种类及养护维修的必要性

桥梁支座类型很多，通常根据支座反力、跨度大小、建筑高度，以及设计位移量来选择支座类型。常用的桥梁支座有弧形支座、垫层式支座、平板式支座、摇轴支座、铰式固定支座，以及辊轴支座等。目前，随着我国铁路发展水平的提高，中国已经跻身桥梁大国的行列。随之也出现了许多问题：

①因桥梁所承受荷载不断增加，对桥梁支座的承载力要求随之提高，桥梁支座产生病害的概率也随之增大。

②建筑市场不太规范，私自简化检修养护步骤，重建设、轻维护现象相对严重。

③部分桥梁存在边勘测、边设计、边施工的问题。

因此，加强桥梁支座的日常养护维修，显得格外重要。

二、桥梁支座常见的缺陷和病害

（一）铸钢支座缺陷类型

铸钢支座缺陷类型包括支座上下错位过大，钢部件损伤，支座锚固件及定位件失效，活动支座无法活动、位移超限和转角超限，支承垫石部位缺陷等。

支座上下错位过大，有倾倒脱落的危险。

钢部件损伤包括铸钢件及锻钢件裂损、脱焊、锈蚀及支座钢件磨损和发生塑性变形。

支座锚固件及定位件失效包括销钉剪断、支座锚（螺）栓松动及剪断、牙板挤死与折断、辊轴连杆螺栓剪断等。

活动支座无法活动、位移超限和转角超限等缺陷，通常是由设计不当造成的，通常会引起锚栓剪断和摇轴或削扁辊轴倾斜度超差不能恢复等损伤。

支承垫石部位缺陷包括支承垫石不平、翻浆、积水和开裂等，应采取措施及时修补。

（二）板式橡胶支座缺陷类型

板式橡胶支座性能劣化类型包括橡胶老化开裂、钢板外露、不均匀鼓凸与脱胶、脱空等。

橡胶老化开裂是指板式橡胶支座表面形成龟裂裂纹。一般来讲，板式橡胶支座经过一定使用年限后，均会出现表面的龟裂裂纹，但裂纹宽度及深度均不大。

钢板外露是指因橡胶龟裂或支座制作不佳，而导致板式橡胶支座内部钢板裸露。

不均匀鼓凸与脱胶发生在橡胶与钢板间的黏结被破坏时。通常，板式橡胶支座在荷载作用下，钢板之间的橡胶向外发生均匀的凸起，属正常现象。当橡胶与支座内加劲钢板黏结不良时，在荷载作用下，钢板与橡胶脱胶，从而引起不均匀的鼓凸。

脱空是指板式橡胶支座与桥梁底面及支承垫石顶面之间出现的缝隙大于相应边长的25%。在使用板式橡胶支座时，应通过转动计算，使支座顶、底面与桥梁全面积接触。一方面，局部脱空会造成支座压应力增加；另一方面，支座脱空部位与外界空气接触，容易使橡胶老化。

（三）盆式橡胶支座缺陷类型

盆式橡胶支座缺陷类型包括钢件裂纹和变形、钢件脱焊、聚四氟乙烯板磨损、支座位移超限等。

钢件裂纹和变形是指盆式橡胶支座的钢件中出现肉眼可见的裂纹，以及支座钢板在荷载作用下发生翘曲。

钢件脱焊是指支座焊接件及不锈钢板与基层钢板之间的焊缝脱焊。

聚四氟乙烯板磨损指盆式橡胶支座中由于聚四氟乙烯板与不锈钢滑板之间平面滑动所产生的磨损。磨损程度用聚四氟乙烯板的外露高度来表示。

支座位移超限是指由于设计及安装不当，造成支座聚四氟乙烯板滑出不锈钢板板面范围。

三、桥梁支座的养护维修

（一）桥梁支座检查

桥梁支座的正常使用与日常养护维修和性能检验分不开。支座一般可每半年检查一次，并应检查支座附近梁体有无裂缝。进行支座检查，可借助检查小车，或修建专用的检查梯。

进行支座检查，主要是检查支座功能是否完好，组件是否完整、清洁，有无老化、变形、锈蚀、断裂、错位和脱空现象。上、下座板与梁身和支座垫石之间是否紧密贴合，有无三条腿等不正常现象；支承垫石是否完好，是否有积水或尘埃。对于柔性墩上的固定支座，要观测其有无变形；对于活动支座，要检查其是否灵活，实际位移量是否正常，变位方向是否与温度变化相符，倾斜度是否在容许限度内，有无限位装置等。

各类支座还应重点检查以下内容：

①对于平板橡胶支座，应重点检查橡胶支座是否老化、变形；有无不正常的剪切外鼓变形；支座与梁身、支承垫石间是否紧密贴合；四氟板式支座是否脏污、老化；钢板滑动支座是否干涩、锈蚀。

②对于盆式支座，因检查其固定螺栓有无剪断，螺母是否松动，电焊是否开裂，四氟板位置是否正常。

③对于辊轴（或摇轴）支座和弧形支座，应定期测量其位移值和梁温，不允许其位移值超过容许值。当发现弧形支座位移超过限值或固定支座不固定时，应起顶梁身来检查活动支座销子有无异常、固定支座安装是否符合标准。测量辊轴（或摇轴）支座位移，应安装位移指示标（尺）并检查辊轴有无变形、磨损。对使用年限长、铺设无缝线路、位于长大坡道及曲线上的桥梁，应认真检查其上、下锚栓（特别是弧形支座）有无弯曲、断裂现象，如有剪断，还应检查墩（台）有无变位。

④对于混凝土支座，应检查其有无剥落、露筋、锈蚀、碎裂等。

（二）桥梁支座的养护

1.养护的一般要求

（1）支座各部应保持完整、清洁，位置正确，活动支座伸缩与转动正常。每半年一清扫，清除支座周围的垃圾杂物，保证支座正常工作。

（2）橡胶支座应经常清扫，排除墩帽积水，要防止橡胶支座接触油脂，防止支座因橡胶老化、变质而失去作用。

（3）支座与梁底、支座与砂浆垫层之间的接触面应平整。梁体位移及转角应不受阻碍。支座垫板与锚螺栓应紧密接触，不得有锈蚀。支座垫层上如有积水，应立即清除。

（4）当支座或支座组件如有缺陷或产生故障而不能正常工作时，应及时进行修整或更换。

（5）当梁支点承压不均匀、板式橡胶支座出现脱空或过大压缩变形时，应予以调整；当板式橡胶支座发生过大剪切变形、老化、开裂等现象时，应及时进行更换。应及时处理支承垫石空洞、不密实缺陷。

（6）对于盆式橡胶支座，应设置防尘罩，防止尘埃落入或雨雪渗入支座内。对于支座外露部分，应定期涂红丹防锈漆进行保护。防尘罩应经常进行清洁和防蚀处理，防止橡胶因老化变质而失去弹性。

2.盆式橡胶支座的养护

对于盆式橡胶支座，在使用期间，应每年定期进行一次检查及养护，应主要进行以下养护工作：

（1）检查支座锚栓有无剪断，支座橡胶密封圈有无龟裂和老化。

（2）检查支座相对位移是否均匀，并逐个检查支座位移量。

（3）清除支座附近的杂物及灰尘，并用棉丝仔细擦净不锈钢滑板表面的灰尘。

（4）松动锚栓螺母，清洗上油，以免螺母锈死。

（5）定期对支座钢件进行油漆防锈，不锈钢滑动面除外。

（6）校核并定点检查支座高度变化，以便校核支座内聚四氟乙烯板的磨耗情况，当支座高度变化超过 3 mm 时，应考虑是否需要更换聚四氟乙烯板。

盆式橡胶支座养护质量要求如下：

（1）梁底支承部位平整、水平，支承部位相对水平偏差不大于 0.5 mm。

（2）桥墩支承垫石顶面平整，其相对允差为 1 mm；支承垫石顶面高程准确，相邻墩（台）上支承垫石顶面相对高差不大于 3 mm。

（3）支座与支承垫石顶面应紧密接触，局部缝隙不得超过 0.5 mm。

（4）恒载剪切变形角 $\tan \leq 0.45$，最大剪切变形角 $\tan \leq 0.7$。

（三）支座常见病害诊治方法

1.小跨度钢筋混凝土板梁横向移动的整治

对于跨度小于 6 m 的钢筋混凝土板梁，由于梁体重量轻，支座又均系沥青麻布或石棉垫，因而受车辆行驶的振动易发生横向移动。对该种梁，除顶起移正梁身外，均应在墩（台）顶上靠板梁侧埋设角钢或加筑挡墙。

2.支座上、下锚栓折断、弯曲、锈死的整治

T 锚栓：在支座底板旁斜向凿去部分混凝土，取出旧锚栓，更换新锚栓，如锚栓被剪断而埋置于垫石内的栓杆仍牢固，也可采用清除剪断的锚栓上部以电焊接上一段新栓的方法来处理。

上锚栓：

（1）可将支座上摆与混凝土梁底镶角板焊起来（当镶角板与梁体为整体时），例如每个支座用 2 根 200 mm 长，∠60×40×8 L 的不等边角钢，沿梁长方向将角钢短肢焊在梁底镶角板上，长肢焊在支座上摆上。

（2）用夹板加固法。每个支座用 2 块 480 mm×70 mm×20 mm 的钢板，以 2 根直径为 20 mm 的螺栓将其置于支座上摆两侧夹紧于梁体上（如支座与梁梗不等宽，则钢夹板与支座间加填板并与钢板焊牢），并在夹板中间钻孔做丝扣，用顶丝顶紧在支座上摆上，使夹板与支座上摆连成一体。

3.支承垫石裂损、梁体有"三条腿"、个别支座出现明显悬空，以及因线路大修需抬高梁体的整治

（1）采用压力灌浆。适用于抬高量小于 30 mm 者，当抬高量很小时，也可采用灌铅法。

（2）支座下捣垫半干硬性水泥砂浆，适用于抬高量为 30～100 mm 者。

（3）垫入铸钢板，适用于抬高量为 50～300 mm 者。

（4）就地灌注钢筋混凝土垫块，或更换钢筋混凝土顶帽，适用于抬高量在 200 mm 以上者。

实践经验证明，在支座下捣填半干硬砂浆（也可用环氧树脂配制的砂浆）的办法效果较好，并且有使用工具简单、短期内就能恢复正常行车的优点。

支座下捣垫半硬性砂浆操作方法如下：

（1）凿毛。

①将支座与梁临时连接，用千斤顶架空梁身，比实际需要高程高出 1～2 mm。

②在支座四周 200 mm 范围内，将支承垫石支承面凿毛，凿毛应用风镐，使用多种形式钎头进行。

③先凿外侧一半并垫实，再凿内侧一半，全部凿毕用水冲洗干净，临时垫以硬木头，四周顶死，才允许放行车辆，并指定专人检查。

（2）捣垫砂浆（现多采用环氧树脂水泥砂浆代替半干硬性砂浆）。

①砂浆质量配合比，水泥比为 1：1～1：2，水灰比为 1：4～1：5，拌和砂浆稠度以手捏成团而不松散、不湿手为宜。

②捣垫前支座的三面必须牢固地用模壳封妥，用水湿润凿毛面。

③刷水泥浆一遍。

④分次填入砂浆用镐捣实，手工操作每次厚度约为 50 mm，捣固必须认真，以保证强度要求。

⑤捣固完毕，将捣固的一面用模壳固封（一般用螺栓对拉或加撑头的方式），才能开通桥梁。

⑥一般来讲，捣垫砂浆以不高于 100 mm 为宜，如需超过这个高度，可分两层两次捣固。如一次捣垫为 100～200 mm，则必须经过养生，等砂浆达到一定强度后，才能使其受力。

⑦捣垫完毕，其四周应用水灰比为 0.3～0.35 的砂浆锤制流水坡，坡度比为 1：1.5，靠支座边，其高度应比支座略低 1～2 mm，以利排水。

（3）养生。锤制流水坡后 1～2 小时，用湿草袋覆盖，保持湿润 7 天。

4.支座陷槽、积水、翻浆、流锈病害的整治

应使支座底板略高出墩（台）支承垫石，并采用细凿垫石排水坡的办法，结合支座下垫沥青麻布或胶皮板进行处理，能取得一定效果。

具体细凿方法：在离垫石外缘 20 mm 处开始向中心推进（防止损坏边缘），然后将周边的窄条敲下来，稍加修凿即成。细凿完成后，用废砂轮打磨光滑。另一种做法是先在垫石四边（桥台为三边）的外侧打上要凿去的线条，用扁凿对准线条朝里敲打，其余方法同前。在细凿过程中，如发现有局部麻坑不平或边缘缺损等，可用环氧树脂砂浆弥补，凝固后一并用旧砂轮打磨平整。

要防止挡砟墙上的水流到桥台，在必要时，要在挡砟墙与支座垫石间凿小槽排水，

防止支座底板下面进水。

5.支座位置不正、滑行或歪斜，超过容许限度的整治

应用千斤顶起顶梁身并进行适当的修理或矫正，或移正梁身后重新安装支座。起顶梁身所用千斤顶的数量和能力，应根据梁和桥面的重量来确定，为了保证施工安全，其起重能力必须为荷载的50%～100%；对于钢桁梁和钢板梁，一般均预留有放置千斤顶的位置。在墩（台）顶的排水坡面安放千斤顶，一般不必顾虑滑移问题，只要用硬木垫平并有足够的安全承压面积即可。但要注意，千斤顶位置不要妨碍矫正支座工作的顺利进行。

对于钢筋混凝土梁和预应力钢筋混凝土梁，可将千斤顶放置在支座附近的梁下。如梁下净空不够安放千斤顶，可以凿低一部分顶帽混凝土，以便安放千斤顶，或在桥孔内搭枕木垛，支承千斤顶。对于双片钢筋混凝土梁，也可以用钢轨做成 V 形扁担放在梁下，用两个千斤顶将梁抬起；如经过检算认为可以，也可以将千斤顶安在端横隔板下。

当旧式板梁的端横梁下面无起顶横梁时，也可用临时木撑顶紧后起顶。起顶钢梁也可采用这种方法，但这种方法在桥梁重量较大时，顶后移动钢梁或底板施工较为复杂，仅在不得已时采用。

在起顶连续梁处理支座病害时，应同时起顶本联内的全部支座，并事先计算各支点的反力，用带压力表的油压千斤顶进行计量，要防止因起顶梁身而造成支点高程与设计不符，改变梁跨各杆件受力，从而发生裂纹或损坏。

总之，在起顶梁身时，要视梁跨结构形式、墩身及周围的具体情况，选用比较合理的施工方法。在起落过程中，为了保证安全，防止千斤顶发生故障以及千斤顶放松时结构受到突然的冲击，必须有保险木垛，并一路调整木垛上的模子，使其顶面与梁底保持不超过 5 mm 的空隙。

采用拉紧框架或弹簧整正支座辊轴的方法，可以免除起顶梁身的麻烦。框架由两个角钢和两端带丝扣及螺帽的拉杆组成，整正时，把一个角钢支承在支座底板上，另一角钢紧贴住辊轴的连接角钢上，上紧拉杆螺栓，利用车辆通过时辊轴的滚动及时拧紧拉杆，使车辆通过后辊轴不能返回原位，这样经数次整正，就能把辊轴调整过来。

用千斤顶横向顶住辊轴来移正位置，千斤顶一端支承在固定支座或挡砟墙上，在千斤顶与辊轴间垫上弹簧，把弹簧顶紧，利用车辆通过时辊轴的滚动来顶动辊轴，再适当上紧千斤顶，经过多次整正，也可以把辊轴顶回原来位置。

6.摇轴或辊轴活动支座倾斜超限的整治

造成辊轴或摇轴活动支座倾斜超限的原因，多为施工安装不正确或墩（台）有位移等。整治的办法是起顶梁身，按照当时钢梁温度计算的位移量，矫正摇轴或辊轴的倾斜度，移动底板，重新锚固锚栓。

对于大跨度钢梁的辊轴支座，由于笨重，移动底板重新锚栓施工困难，且工作量大，因而当矫正量不大时，可用带有异形牙板（防爬齿）的辊轴更换有正常牙板的辊轴，而不再移动底板重新锚固锚栓。带有异形牙板的辊轴可根据矫正支座倾斜超限的具体需要来设计，使整正后的辊轴倾斜符合计算要求。这样整正后，下摆中心线虽然不会与底板中心线一致，但能使辊轴倾斜正常，保证安全。

第五节　悬吊及斜拉系统的养护与维修

一、悬吊系统的养护与维修

（一）日常养护与维修

①对于悬索桥梁体和索塔部分的养护，视其结构类型，可按钢筋混凝土桥及钢桥的相关规定进行。

②主缆各索股的受力应保持均匀，经检查，若个别索股受力出现明显偏差、松弛或挤紧，应通过索端拉杆螺栓进行调整。

③防止主缆索股的锚头、锚杆、裸露索股、分索器、散索鞍等锈蚀，涂装防锈油漆的部分应定期涂刷，涂抹黄油的部分应定期更换黄油，发现剥落、锈蚀，应及时处理。

④主缆索的防护层如出现开裂、剥落，应尽快修复，在必要时，可切开防护层来检查主缆是否锈蚀，并进行相应处理，处理完毕后应及时修复。对于采用涂敷黄油防锈并用简易包裹做防护层的，应定期更换黄油及防护层，并使其保持完好状态。

⑤对于网格式悬索桥，拉索应保持正常的工作状态，若发现松弛，可调整端头拉杆

螺母使其复位。

⑥索鞍应经常清扫，防止尘土杂物堆积、积水（雪）及锈蚀。索鞍的副轴或滑板应保持正常工作状态。

⑦锚室及封闭的索鞍罩内应保持干燥，有除湿设备的，应保持设备正常工作，及时检修出现的故障。

⑧索夹、索鞍、吊杆等的紧固螺栓应保持其原设计受力状态，视其工作情况，每半年至两年定期紧固，若发现松动，应及时紧固。

⑨若吊杆有明显摆动、倾斜，或检查发现其受力变化，应查明原因。若索夹松动，应使其复位并紧固锚栓；若拉杆螺栓松动，应予以拧紧；若吊索锚头出现松动，应予以更换。吊杆复位后，应进行索力检测。

⑩吊杆的保护套、止水密封圈、防雨罩等应保持完好，若发现老化、开裂、破损，要及时修补、更换。

⑪吊杆的减震装置要保持正常的工作状态，发现异常或失效，要及时检修。

⑫对于未进行衬砌的岩石锚室或锚洞，若出现表面裂纹，应用环氧树脂砂浆或钢丝网水泥砂浆进行处理。

（二）主缆系统的养护与维修

1.主缆系统涂膜养护维修的主要技术依据

（1）主缆本身由高强度镀锌碳素钢组成，含碳量在 0.75%～0.85%；鞍座和锚固构件多为碳素结构钢和合金结构钢铸造件或锻造件，含碳量多在 0.35%以上，有的经过了机械加工和调质处理。这些构件均为抗腐蚀能力较差的构件。为保证这些构件的使用寿命，除主缆钢丝在出厂前采用了热镀铸外，在安装过程和成桥后，均采用涂层防护。涂装工艺大多采用重防腐系统，涂膜寿命在 10～15 年。一般来讲，使用 5 年以下的，不需维修；使用 5～10 年的，只需进行小修小补的局部维修；使用 10～15 年及 15 年以上的，可能需要大范围维修或重涂。

（2）涂装维修主管技术人员要熟悉本桥主缆系统各构件的涂层结构、材料性质和要求，各构件的涂层施工工艺和涂层检查方法内容和维护周期，以及钢构件锈蚀等级、涂膜劣化等级及评定方法，成品检查和质量评定标准等。

（3）施工成员要熟悉涂料一般性操作规定和材料保管、使用和配合要求，以及本桥不同构件的施工工艺和质量要求。

（4）涂膜维护过程究竟是小修小补局部维护，还是大面积维修或重涂，除考虑涂层产品的寿命期外，主要根据涂膜检查的劣化评定结果和锈蚀检查的等级评定结果而定；对于小修小补，可由执行部门自主决定，对于大面积修补及重涂，需由执行部门报请上级主管部门审定批准。

（5）涂膜的维修应遵守下述基本原则：

①对于钢构件锈蚀等级为 1 级、钢丝锈蚀等级为 1 级、涂膜劣化等级为 1 级者，不进行维修，只进行日常养护。

②对于钢构件锈蚀等级为 2、3 级、钢丝锈蚀等级为 2、3 级、涂膜劣化等级为 2、3 级者，应进行不同程度的涂膜局部修补。

③对于钢构件腐蚀等级为 4 级、钢丝腐蚀等级为 4 级、涂膜劣化评定等级为 4 级者，应考虑大面积修补及重涂。

2.主缆系统涂膜的养护及维修

（1）涂膜养护。在涂膜寿命期前 5 年内或锈蚀和涂膜劣化评定为 1 级时，涂膜只需养护而不需维修。

对主缆系统进行涂装，是为了防止主缆系统构件的锈蚀，因而对涂膜的养护即是对主缆系统的养护，是养护维修工作的重要部分。日常养护工作虽然简单，但对于保证正常的使用寿命却非常重要。

应经常清除构件上积灰和油污，尤其是海洋大气下的积尘含有大量盐粒子，具有极强的腐蚀性。

保持主鞍室不漏水，除湿机保持正常运营，且湿度在 40%～50%。

保持散索鞍防水罩良好密封，以及散索鞍前墙不开裂、不漏水，无雨水沿主缆流入散索鞍及索股。

锚室无漏水、积水，保持锚室除湿机正常运转，湿度在 40%～45%。

（2）涂膜局部修补。当主缆系统的防护涂装寿命在 5 年以上、10 以下，锈蚀评定和涂膜劣化评定等级均在 2、3 级时，涂装的维修只限于局部范围，属于维护性涂装。

涂膜局部修补与重涂一样，需采用与本桥成桥时相同的材料和工艺。

对于涂膜局部范围粉化、起泡、开裂和脱落等现象，手动清除损坏区域疏松涂层至未损坏涂层边缘，并于未损区制成 50～80 mm 坡口。在相应处涂相应底漆、中间层和面漆，最后一道面漆应盖过全部修补区。

对于已生锈的表面，用平动工具清除涂层至良好结合涂层区，钢表面处理至 St3 级除锈等级，未损区边缘制成 50～80 mm 的坡口。然后涂底漆、中间层和面漆，最后一层面漆覆盖面积可以更大些，盖至修补范围以外。如原底层是热喷涂锌层，此时可用二道环氧富锌涂层代替。

当涂膜在 10～15 年时，基本接近或达到寿命期，或涂膜劣化达到 4 级，或锈蚀达到 4 级，应当考虑报请上级批准，将主缆系统重新进行防护涂装。重涂的工艺、材料和质量要求，与本桥成桥时相同。

3.主缆系统的维护

（1）主缆缠丝修复。主缆缠丝连同其上涂装后，是主缆防护的最外层，直接承受腐蚀介质的作用。主缆缠丝的破坏，意味着涂装层的破坏及失去主要防护能力，如发现缠丝严重锈蚀或断裂，应及时修复。

缠丝更换及修复工艺如下：

①在除去废弃缠丝前，在维修段两端保留缠丝 2、3 圈，采用铜火钎焊固定，火钎焊温度低不致影响缠丝下的主缆钢丝。火钎焊要有足够长度，并保证质量良好，然后剪除待换缠丝；清洁主缆钢丝表面。

②涂底漆，刮腻子。

③重新缠丝，再将新缠丝的头尾 2、3 圈用铜火钎焊固定；缠丝拉力不低于 2 kN；缠丝表面清洁处理。

④按主缆原涂装工艺复原涂装层。

⑤对于局部更换缠丝，可采用吊篮，当大范围重新缠丝时，需架施工猫道。

（2）索股维修。目前，悬索桥主缆挤缆、缠丝、涂装的防护体系自美国的布鲁克林桥开始应用以来，已有 100 多年的历史。长期实践表明，主缆钢丝除腐蚀外，尚有如下病害：断丝、鼓丝、腐坑削弱，以及由于长期腐蚀介质作用导致材质失去塑韧性。鼓丝实际是断丝的表现，断口就在鼓出钢丝的不远处。这些变化均会使钢丝失去承载能力。断丝和鼓丝多发生在锚室内散索鞍以后。对主缆进行维修时，除单根钢丝拼接外，甚至有整束索股需要重新拼接，如美国于 1909 年建成的曼哈顿桥。

（3）断丝拼接。先将断丝处丝股绑扎松开，拉出断丝两端头，剪除两端头部分受损段，再剪一段新钢丝，长度大于剪掉段。处理接头部分，磨掉锈蚀铸层，去油污，以套筒挤压接头与一端相接；处理另一端钢丝接头部位，拉紧钢丝至规定拉力，剪除多余钢丝，以套筒挤压连接接头，复位钢丝并扎紧索股。这种带有内壁螺纹的套筒，有国产的，也有进口产品，挤压连接后的承载力均能达到 90% 以上。

（4）主缆线型变化。主缆线型变化，如下挠变大，需经多次春秋相同气温下无活载时测试复核确认，再研究其发生下挠的原因。一般这种情况的发生原因多为主鞍座偏移，主塔非中心受压产生向主跨河向附加弯曲。治理办法：封闭交通，解除主鞍的锁定，中跨减荷（如更换铺装），边跨加载，使主鞍移向边跨，恢复至要求位置再锁定。这种处理需经设计和施工周密计划安排后实施。

如果主缆断丝较多，应经计算后降低荷载等级，或加固，或更换主缆。

①主鞍及散索鞍的维修。对于主鞍和散索鞍锚栓、鞍槽口拉杆螺栓及其他固定螺栓和对合螺栓等松动者，采用扭矩扳手或张拉千斤顶恢复至设计预拉力；及时更换已开裂或断裂者；锚栓断裂，可在座板下斜向凿去部分混凝土，取出旧锚栓，更换新锚栓。由于这些螺栓多为中碳素钢或合金结构钢并经调质处理，不宜焊接修复。修复后，应进行涂装处理，涂装按原桥涂装方案及工艺进行局部修补。

对于全铸、全焊或铸焊的鞍座局部出现裂纹者，首先应采用探伤方法，查清裂缝部位、形状、深度和产生裂缝的原因，经研究可采用钻孔止裂、磨除、补焊等方式；当较严重裂纹出现在鞍索板根部和散索鞍摇臂下部，并不断发展以致无法修补和修复时，只有更换鞍座，才能解决问题。在更换散索鞍时，在原散索鞍两侧设临时鞍座，然后更换新鞍座。施工应在无活载下进行。在施工过程中不能损伤主缆钢丝，发现索股断丝，应予以修复。恢复原高程后，按要求做好防护涂装工作。

②走道扶手缆绳内力调整和更换。若走道扶手绳松弛，可采用导链葫芦张紧，然后拧紧固定螺母；对于扶手柱弯曲、扭曲的，应予以更换。当扶手绳严重锈蚀，断丝较多，影响检修人员扶握时，应予以更换。在拆除旧扶手绳时，应分段、分批解除扶手绳立柱上连接，再解除下锚头，将其放至桥面检修道上，再解除上锚头，系以拉绳缓缓放至桥面检修道上。

按原扶手绳无应力长度制锚，并按拆除的逆过程先使锚头（先上后下）就位，以导链分批吊起就位，并将其固定于扶手柱上；先挂绳的1/2点，后挂绳的1/4点和3/4点……再依次起吊，直至全部完成。

锚室内索股锚固系统的主缆索股锚头锚固在型钢拉杆、圆钢拉杆横梁或眼杆拉杆横梁上，这些构件多为含碳量较高的碳素钢或合金结构钢，且截面均较为粗大，型钢则为一般低碳或低合金钢轧制构件。正常的维护是保持锚室干燥和构件涂装完好。一旦发现焊缝处、眼杆处、螺纹根部等出现裂纹，应首先探伤确认其性状和原因，再经业内专家研究处理。对于型钢，可放松索股，按特许程序补焊，然后将索股锚固至设计拉力；对于眼杆、圆钢拉杆，则只能更换，更换程序也需经业内专家研究决定。

（三）吊索系统的养护与维修

1.吊索系统防腐涂装的维护

对于钢丝绳索体，吊索维护一般采用与主缆相同的涂装材料。在涂漆前，钢丝绳内槽应以腻子填平。对于维护性修补，可采用该桥原涂装配方。对于平行钢丝或钢绞线索，一般采用高密度聚乙烯套管。当套管破裂时，可采用热压成型修补。

对于索夹及眼板螺栓等部件的涂装，一般采用锚板、鞍底相同配方，总干膜厚一般在 250 μm 以下。在吊索系统涂装维护前，应将干裂脱落的腻子敲掉重新抹平，再按涂膜检查评定的结果，进行维护涂装或重涂。

2.吊索、索夹及高强度拉杆更换

（1）吊索更换。出现下述情况之一时，应当更换吊索：索股严重锈蚀已削弱截面达 5%以上；断丝率超过 5%；吊索锚头中有明显拔出迹象；眼板及相连部位有裂纹扩展。

（2）索夹更换。出现下述情况之一时，应当更换索夹：索夹已严重锈蚀；夹壁开裂；索夹眼板开裂。

在更换吊索和索夹时，可在被更换吊索或索夹的两侧，解除主缆缠丝，并安装临时索夹和临时吊索。在临时吊索下端，可根据实际情况，制造并安装临时吊索吊点。

在正式施工前，应准确测试线型及高程，了解设计吊索力和竣工吊索力，以便将新吊索或索夹恢复至原吊索的拉力或高程。吊索长度需按原吊索长度下料制作。如更换索夹，拉杆螺栓要按原设计值张拉到位，并于一个月、半年、一年和三年时检查复张拉。

（四）锚碇及锚碇室的养护与维修

1.锚室除湿系统的养护维修

除湿系统应由经过培训的专门人员进行操作及养护维修。

（1）日常维修内容：系统各部件的检查、清洁、润滑、易损件更换、故障查找及排除等。

（2）主要设备：配电盘、鼓风机、电动机、过滤器、阻尼器、除湿组件及温湿度显示记录系统等。

（3）要求：系统正常运转，年度相对湿度小于 45%。

2.排水沟断裂、山水无组织排溢、边坡破坏等

修复排水系统或重新设计有组织排水系统，将水引离锚碇；以石块、钢丝笼等填实塌陷及冲洞，并灌水泥浆填实，然后在其上修筑排水沟槽系统。

3.锚室顶盖开裂、四壁开裂渗漏

应将裂纹按宽度大小进行灌浆或封闭处理，同时应分析水的来源，断绝水源，用碳纤维布加固顶盖或在顶盖上面加铺柔性防水层。

4.混凝土腐蚀防护

处于海洋大气及海水飞溅水位变动处，混凝土易遭到严重腐蚀，甚至出现松软腐蚀洞穴的防腐处理如下：

先将松软面层凿除，并清除尘渣，以防水混凝土或防水砂浆修平。在必要时，进行飞溅面防腐涂装。

涂装材料及厚度如下：

（1）底层：环氧树脂封闭漆。

（2）面层：聚氨酯焦油沥青漆。

（3）要求寿命 20 年时，可取干膜总厚度 500 μm；要求寿命 10 年时，可取干膜厚度 300 μm。

二、斜拉系统的养护与维修

根据第一年的运营、检查与观测结果，可以在下述几个方面作出下一步养护及维修计划：

①经过高温及低温季节后和一年的运营，PE（polyethylene，聚乙烯）管有无硬化开裂、预埋钢管有无漏水等；无材质性硬化和开裂则继续观测；对 PE 层机械损伤进行热成型修补，修补采用与实桥相同材质的片材，局部电热成型。

②如有明显的风雨振动发生，应设置外置式减振器。通过计算数据和观测数据，可确定哪几根索必须设置外置式减振器。对于大跨度斜拉桥斜拉索，索长，直径大，自振频率低及阻尼小，可在成桥初，即根据计算数据，设置外置式阻尼器。

③判断线型与索力实测数据是否在温度正常影响范围内。画出曲线，标明温度，作

为以后养护依据。对于索力超出 10%的，应进一步查明原因。如有异常，经慎重研究后，才能进行索力及主梁高程调整。

④制订较长远维修养护计划，并按计划实施，其要点如下：

a.PE 护层的检查、修补或更换。

b.水、气泄漏位置的检查处理，主要集中检查下部预埋筒、锚固系统。

c.内置式、外置式阻尼器检查维修。

d.索力与线型检查与调整。

e.钢件锈蚀检查及维护性涂装。

f.拉索钢丝断丝检查及处理。

g.塔梁部位钢锚箱裂缝检查和处理。

h.部分或全部斜拉索更换。

⑤拉索系统病害处理工艺如下：

一是拉索的养护：

a.拉索两端的锚具及护筒应经常保持清洁和干燥。塔端锚头若漏水、渗水，应及时用防水材料封堵；梁端锚头若漏水、积水，应及时将水排出并封堵水源。

b.定期更换拉索两端锚具、锚杯内的防护油。

c.定期更换钢护筒与套管连接处的防水垫圈及阻尼垫圈，做好搭接处的防水处理。

d.定期对索端钢护筒做涂漆防锈处理。

e.若拉索护套出现开裂、漏水、渗水等现象，应及时处理。可剥开已损坏的护套，将已潮湿的钢索吹干，对已生锈的钢索做好除锈处理，再涂刷防护漆及防护油，并用玻璃丝布或其他防护材料包扎严密。

f.斜拉索的减振装置要保持正常工作状态，发现异常或失效要及时维修。

二是护套更换：

a.护套更换确认。护套已老化开裂并环状断开失去防护功能；经检查钢丝劣化等级在 1、2 级，未见 3、4 级腐蚀和断丝。

b.于无雨、露、雾天气，剥除外护套；干燥处理，修补局部破损缠包后，缠包橡胶防腐带。在缠绕时，加适当拉力（伸长 3%），重叠 50%，在 24 小时内加热成型。

c.端部密封处理。

③下锚护筒防水处理工艺如下：

a.取掉拉索下锚筒上端护罩，解除内置式减振圈，排干积水，清除油污、杂物、泥土等。在必要时，可在筒底前低处设置排水孔。

b.利用加长喷头高压射水清洗筒壁及筒底，利用热的高压风干燥筒的内部。

c.确认彻底干燥、清洁后，进行聚氨酯泡沫塑料填充施工，发泡视不同情况可选择1～3次，高度至减振圈，修整后安装内置式减振圈，恢复上部密封盖。卸掉后盖帽或不锈钢保护罩，清理、干燥后复原并重新注油。

④斜拉索钢丝断丝或锈蚀无损检测。

由具有该项技术资质的单位，以斜拉索断丝和锈蚀检测装置进行。该装置沿斜拉索爬行走过一次，能给出断丝位置、数目，以及锈蚀的位置。

⑤换索工艺如下：

a.对于因钢索、锚具损坏而超出安全限值的拉索，应及时进行更换。

b.对索力偏离设计限值的拉索进行索力调整。张拉的顺序、级次和量值应按设计规定进行，并测定索力和延伸值，同时进行控制。

c.拉索的更换按改建工程进行，应对各技术方案的经济合理性进行分析比选，确定安全、简便的施工方案。竣工后必须对全桥斜拉索的索力和主梁高程进行测定，检验换索效果，并将其作为验收依据。

（6）斜拉索钢锚箱裂缝处理工艺如下：

对于在斜拉桥桥塔及主梁采用焊接钢锚箱的，在拉索荷载幅的作用下，焊缝及构造处理不当处在应力峰值点可能出现疲劳裂纹。不应采取随意补焊措施，而应采取止裂措施，即以裂纹尖端为钻头，在其中心点钻一个直径为8～12 mm的圆孔，将裂纹尖端钻掉，使天然裂纹尖端的应力集中变为8～12 mm圆孔的状态，使峰值得到缓解，再继续观察其发展状况，如果不进一步扩展，就可以不再进行处理。如果裂纹在焊缝处，可由合格焊工采用碳弧气刨将带有裂缝的焊肉全吹掉，不能留有裂纹的"极"和"尖"，并向两边延长50 mm，再制成1∶5的斜坡。也可以以其他机械方法清除，如以砂轮磨掉氧化皮及尖锐部分，使其露出金属光泽。补焊应于无活载、无风、气温在10℃以上的条件下进行。焊缝质量检查要求同钢梁制造。对于同一处，处理不宜超过2次。如果裂纹已进入母材很长，不能随意补焊，应经专家慎重研究分析，再进行相应处理。

三、桥塔的养护与维修

无论是悬索桥的桥塔，还是斜拉桥的桥塔，均是索的支撑构件。维护塔的正常技术状态，对保证桥的正常运营非常关键。

①经常性保养与维护，保持主鞍室内斜拉索锚固区内清洁、无油污及尘垢、无杂物和积水；主鞍座、附件及锚螺栓、连接螺栓无松动、无断裂、无锈蚀；斜拉桥钢锚箱无裂纹，拉索锚头、大螺母及钢工作平台等无锈蚀；对油漆局部破损及时修补。塔内升降梯、照明、通风设备及其他设备、标志完好无缺。

②主塔混凝土结构部分应无裂纹，尤其是斜拉桥桥塔的索锚固区、塔的横梁部位。当发现裂纹时，应详细记录裂纹部位、走向、宽度及深度；在必要时，请专家分析裂纹产生的原因；对大于等于 0.2 mm 的裂纹，采用压注环氧胶液；对于小于 0.2 mm 的裂纹，采取封闭处理。当裂纹涉及结构受力时，应深入分析，检测混凝土强度，进行承载力检算。在必要时，应进行线型检测和荷载试验。

③主塔沉降及倾斜检测，应每 2 年获 3 年进行一次，连同主梁线型一起，并制成曲线图，与竣工时高温及低温时测试数据比较，以判断是否在正常范围内。

④检查悬索桥主塔鞍座是否偏离，若发现偏离竣工位置，应同时进行线型检测。

⑤遇到强台风、地震，以及受到船舶强烈撞击以后，应进行桥塔的全面检查。

⑥对于悬索桥主鞍座及构件，如发现斜拉桥拉索钢锚箱裂纹在发展，不得随意补焊，可以先采用直径 6～8 mm 钻孔止裂，钻孔必须钻焊裂纹尖端部分。如裂纹不进一步发展，就可以不再做进一步处理；如发现裂纹进一步扩展，要经业内专家研究，采取合适的加固方案。由于鞍座、锚箱均为承受巨大集中力的结构，此种修补需十分慎重，封锁交通甚至考虑进一步卸载。在焊补时，气温要高于 10℃，先计划好气刨刨去的范围和深度，研究补焊程序，并由合格的焊工实施，最好用热量较小的 CO_2 气体保护焊，焊后控伤。补焊最好一次完成。当构件较大、较厚时，应考虑质热。在此后的运营中，仍需观测该处是否有新裂纹产生。

⑦塔身、承台混凝土劣化、保护层脱落等缺陷的处理工艺如下：

混凝土水化反应产生过饱和 $Ca(OH)_2$ 溶液，形成较强的碱度，pH 值在 12.5 以上，钢筋在此状态形成一层致密的碱性钝化膜，对锈蚀呈惰性状态。大气中的 CO_2 与游离 $Ca(OH)_2$ 反应，使混凝土中性化，即 pH 值为 8.3。钝化膜消失，钢筋开始锈蚀。严重时，钢筋锈层膨胀，使保护层脱落，如此时有氯离子存在，会进一步提高钢筋的锈蚀程度。混凝土的中性化，即碳化失去耐久性，导致混凝土破坏、钢筋锈蚀。

在桥塔设计之初，应加保护涂层，对于最初考虑不够或涂层失效的，应采用"亡羊补牢"的措施重新涂装。在涂装前，对裂缝及破损处进行处理。对于环氧树脂细石混凝土或环氧砂浆而言，基层可不用黏胶剂；对于普通混凝土类修补，应在各面涂加黏胶剂增强。

施工应由具有该项工作资质的单位和个人进行，如需防腐寿命保持在 20 年，需进一步设计 500 μm 或以上的涂层厚度。对于局部缺陷，也可采用碳纤维布包裹的方式进行处理。

四、悬索桥的加固方法

（一）减少悬索桥竖向变位的加固方法

①设置中央构件，把加劲梁与主缆索在跨中连接起来。

②把直吊杆（索）改为斜吊杆（索）或交叉斜吊杆（索）。

③增加斜拉索，以改变结构受力体系，斜拉索可设在主跨 1/4 跨径区段，并妥善解决斜拉索与加劲梁及索塔的锚固，同时应注意解决索塔的受力平衡问题。

（二）减少悬索桥横向摆动的加固方法

①在桥两岸的上、下游对称增设侧风缆，风缆锚固于悬索桥的加劲梁上，锚固位置可选在 1/4 跨至跨中之间。

②在桥的上、下游各架设一根跨河钢缆，其高度可略低于桥面，用钢丝绳将加劲梁与过河钢缆做多点连接，适当张紧形成抛物面网络。

③加强加劲梁的水平风撑，加大横向刚度。

（三）主缆垂度调整

对于采用少量索股的悬索桥，只有当结构条件许可时，才可对主缆的垂度进行调整。

先将要调整的主缆一侧的恒载卸载，放松索夹，用卷扬机或其他张拉设备，逐股张紧主缆索索股，再用调整索股端头的螺杆固定。

（四）索鞍座复位

当索鞍座偏移超出设计允许值时，可用千斤顶将辊轴归位。

（五）锚碇及锚室加固处理

对于锚碇及锚室结构的开裂、变形，应及时查明原因，并进行加固处理。对于锚碇板开裂，可增补钢筋混凝土锚碇板；对于支撑开裂或破损，可增加型钢支撑；若锚室发生变形、位移，可用增加压重等方法处理山体。

参 考 文 献

[1]江臣，陈光伟，马文宁. 公路工程施工安全管理指数的创新及应用[J]. 中国公路，2022（1）：46-49.

[2]揭丹，李万华. 公路工程施工总承包项目管理实施中存在的问题及对策[J]. 工程技术研究，2023，8（3）：123-125.

[3]李忻忻，赵之仲，张弛，等. 公路工程施工项目管理及优化[M]. 徐州：中国矿业大学出版社，2014.

[4]刘海燕. 公路工程施工进度管理中存在的问题及应对措施[J]. 工程技术研究，2022，7（11）：136-138.

[5]冯志强，杨芸，程坤. 基于信息融合技术的公路桥梁检测评价方法研究[J]. 河南科技，2022，41（7）：95-98.

[6]高建新，王治国. 公路桥梁施工技术管理及养护措施[J]. 运输经理世界，2022（13）：103-105.

[7]高鹏. 公路桥梁养护管理与危桥改造技术要点[J]. 科技与创新，2022（8）：101-103，107.

[8]厚龙宝. 公路桥梁养护维修中裂缝成因的分析及处治措施[J]. 科学技术创新，2022（24）：109-112.

[9]焦阳. 公路桥梁荷载试验检测在桥梁养护中的作用和对策[J]. 建筑技术开发，2022，49（2）：109-111.

[10] 简益义. 加强隧道施工安全管理的具体措施分析[J]. 交通科技与管理，2023，4（1）：144-146.

[11]江臣，陈光伟，马文宁. 公路工程施工安全管理指数的创新及应用[J]. 中国公路，2022（1）：46-49.